Wolfgang Picken

Abschied nehmen vom Leben

Wolfgang Picken

ABSCHIED NEHMEN VOM LEBEN

Erfahrungen mit Sterben, Tod und Trauer
Wiedergefunden in Bildern von Sieger Köder

Kreuz

Meiner Mutter

INHALT

Einleitung   7

I. DER TOD: (M)EIN WEGGEFÄHRTE
Frühe Begegnungen mit dem Tod   12
Selbst ein Trauernder   14
An der Seite Sterbender und Trauernder   16
Der Bezug zu den Bildern Sieger Köders   18

II. DER TOD: VERDRÄNGT UND DOCH UNAUSWEICHLICH
Mit Leid und Tod in einem Boot   23
Leid und Tod – Zwiespalt und Wahrheit   27
Der Tod und die Ernte des Lebens   31
Das Sterben und die Last der Schuld   35
Der Tod und das bewusste Leben   41

III. DIE ERSTEN SCHRITTE AUF DEM WEG DES ABSCHIEDS
Momente düsterer Ahnung   47
Die Stunde des Urteils   51
Das Leid wird angepackt   57
Das Leid wird sichtbar   61
Der Wunsch nach Begleitung   67

IV. »INNENANSICHTEN« DES LEIDENS
Wer oder was ist schuld?   73
Leid zieht Leid an   79
Die Klage gegen den Himmel   85
Ein Kampf, der Zeit braucht und verändert   91
Im Leid auf Gott vertrauen   95

V. BILDER DER KRISE UND DES NAHEN TODES
Der Kampf geht verloren   103
In der Ohnmacht festgehalten und ausgesetzt   107
»Lasst mir den Rest meiner Würde«   113
Sich Zeit nehmen für den Abschied   119
Es ist vollbracht   127

VI. DIE VIELEN GESICHTER VON ABSCHIED UND TRAUER
Den Tod be-greifen und durch-schauen   135
Den Toten begraben   141
»Warum hast du mich allein gelassen?«   149
Trauer – ein mühsamer Weg   155

VII. BILDER DES NEUEN LEBENS
Die Suche nach einer Antwort   163
Der »Durchbruch« ist geschafft   167
Das Leben in Fülle   173

VIII. NACHWORT
Ermutigung den Begleitern und Dank den Begleiteten   178

IX. ANHANG
Literatur   184
Bildnachweis der Bilder Sieger Köders   188

Einleitung

Die Themenstellung für das vorliegende Buch ergibt sich aus der Gegenüberstellung zweier Komponenten, meiner Erfahrungen aus der Sterbe- und Trauerpastoral einerseits und der Auseinandersetzung mit den Bildern Sieger Köders andererseits. Es werden grundsätzliche Beobachtungen und Einzelbeispiele aus der Begleitungspraxis Sterbender und Trauernder in Verbindung zu den ausgewählten Bildmotiven gebracht, von denen die meisten bereits in Sterbe- und Trauerprozessen eingesetzt worden sind. Die Nähe zwischen vielen Einzelheiten, die das menschliche »Abschied nehmen vom Leben« bestimmen, und den Aussagen der Bilder Sieger Köders ist verblüffend und bemerkenswert zugleich. Um diese Beobachtung selber machen zu können, ist es deshalb beim Lesen hilfreich, immer wieder auf das entsprechende Bild zu blicken, zumal nicht immer im Text eigens auf die Bezüge zu einzelnen Bilddetails hingewiesen wird.

Die vorliegende Anordnung und Reihenfolge der Bilder und Kapitel ergibt sich aus dem möglichen Verlauf einer Sterbe- und Trauerbegleitung. Oft folgen Situationen und Fragestellungen aufeinander, wie hier dargestellt. Dennoch darf die Reihenfolge nicht als festes Schema verstanden werden. So ähnlich viele Prozesse und Begleitungen verlaufen, so unterschiedlich sind sie zugleich.

Es geht in diesem Buch nicht um wissenschaftliche und theologische Ausführungen oder detailgenaue und umfassende Bildinterpretationen. Die Zusammenstellung von Texten und Bildern möchte zunächst für eine Auseinandersetzung mit Tod und Trauer sensibilisieren. Vielleicht können die vorliegenden Erfahrungen aus der Sterbe- und Trauerbegleitung für die Beschäftigung des Einzelnen mit dem Thema fruchtbar werden und die Bilder Sieger Köders dabei helfen, das etwas besser zu verstehen und nachzuempfinden, was viele aus eigenem Erleben nicht kennen. Vertrautheit kann Angst und Scheu mindern! Das Buch möchte seinen Beitrag dazu leisten, die weit verbreitete Angst vor dem Tod zu verringern, indem es das »Abschiednehmen vom Leben« aus der Tabuzone holt und zum Thema macht. Die Konfrontation mit Tod und Trauer mag bewirken, dass der Leser den Tod wieder mehr als Bestandteil des Lebens begreift, dass er mit ihm rechnet und ihm besser zu begegnen weiß: im eigenen Leben wie im Leben des Mitmenschen. Immer wieder sterben und trauern Menschen. Dennoch erleben viele Betroffene in ihrem Umfeld Unverständnis und Ablehnung, sie fühlen sich allein- und im Stich gelassen, was nicht immer aus Unmenschlichkeit und Desinteresse, sondern oft aus dem Gefühl der Unsicherheit und der Überforderung geschieht. Die hier vorgestellten Bilder und Erfahrungen machen den Leser nicht zum Spezialisten und qualifizieren ihn nicht zum Begleiter. Aber sie können vielleicht beim Verstehen mancher Zusammenhänge und damit bei der praktischen Wegbegleitung Betroffener behilflich sein, und sei es nur, dass man nicht mehr wegsieht und weghört, wo Menschen in einer schwierigen Situation nach Zuwendung und Aufmerksamkeit suchen. Unter Umständen kann sogar bei Einzelnen das Interesse dafür geweckt werden, sich gezielt in der Begleitung von Sterbenden und Trauernden zu engagieren.

Bereits in der Sterbe- und Trauerbegleitung Tätigen bietet das Buch Gelegenheit zur Reflexion über die eigenen Erfahrungen. In den Texten und Bildern werden viele Situationen und Fragestellungen aufgegriffen, die im Verlauf einer Begleitung eine wichtige Rolle spielen können. Die Bilder und die mit ihnen in Verbindung gebrachten Erfahrungen fordern den Begleiter dazu heraus, sich wieder neu mit Grundfragen und Problemen der Begleitung Sterbender und Trauernder zu befassen, in der Auseinandersetzung mit den eigenen Grenzen und den Grundfragen des Lebens zu bleiben und persönliche Erfahrungen zu »verarbeiten«. Zudem wird im Kontext von Sterbe- und Trauerbegleitung erstmals auf die Bilder von Sieger Köder aufmerksam gemacht und darauf hingewiesen, welche Hilfestellung sie für die Begleitung bieten können. Die existenzielle Dimension vieler seiner Bilder und ihre assoziative Kraft machen es Betroffenen leicht, sich in ihnen wiederzufinden und über ihre Situation ins Gespräch zu kommen.

Denen, die selbst »Abschied nehmen vom Leben«, als Sterbende oder als Trauernde, könnte das Buch ein Wegbegleiter sein. Nicht in dem Sinn, dass es parallel zum Prozess des Sterbens oder Trauerns als Leitfaden gelesen werden könnte! Vielmehr möchte es dem Betroffenen ermöglichen, sich mit eigenen Erfahrungen und Gefühlen in den vorliegenden Texten und Bildern wiederzufinden. Es mag gut tun und trösten, wenn man mit vielem, was man erlebt und erleidet, nicht alleine steht. Der Betroffene kann im Folgenden Gefühle ausgedrückt und ins Bild gesetzt finden, die er selbst nur schwer vermitteln und in Worte fassen kann. So wird das Buch zu einer Verständnishilfe zwischen den Betroffenen, ihren Angehörigen und Begleitern. Vielleicht wird auch der eine oder andere tröstliche Gedanke oder Impuls für den Sterbe- und Trauerweg gefunden, der bis dahin fremd oder unbekannt war. Möglicherweise kann sich dem Einzelnen sogar die tröstliche Kraft des Glaubens neu erschließen, oder aber werden nur einzelne Bilder zu hilfreichen und vertrauten Weggefährten.

Schließlich verfolgt das Buch das Ziel, anhand von Erfahrungen aus der Begleitung Sterbender, ihrer Angehörigen und Trauernder so wie den religiösen Aussagen der Bilder Sieger Köders einmal neu die Aufmerksamkeit auf die Bedeutung zu lenken, die der christliche Glaube für das »Abschied nehmen vom Leben« haben kann. Die sonst häufig als realitätsfern verstandene Welt der Heiligen Schrift wird lebensnah, die oft überlesenen Details in biblischen Schilderungen, nicht zuletzt die des Kreuzweges Jesu, werden bedeutungsvoll und tiefsinnig. Der sonst so ferne Gott wird auf einmal in Christus spürbar und nah, und die Hoffnung des christlichen Glaubens entfaltet eine tröstliche Kraft. Dadurch wird einmal mehr deutlich, dass die biblische Überlieferung zentrale Erfahrungen über das menschliche Leben und Sterben zusammenfasst, die grundsätzlich für Betroffene und ihre Begleiter hilfreich sind. Sie geben – gerade heute im Kontext von Anonymität, Individualismus und Leistungsdenken – aktuelle Anregungen und wichtige Impulse für einen menschenwürdigen und einfühlsamen Umgang mit denen, die in irgendeiner Weise »Abschied vom Leben« nehmen müssen. Das Buch lässt in diesem Zusammenhang auch Versäumnisse im Lebenszeugnis der Christen und im Handeln der Kirchen erkennbar werden und hebt die Bedeutung hervor, die das Engagement in der Begleitung Sterbender und Trauernder für den einzelnen Christen und die Kirche haben müsste.

I.
DER TOD:
(M)EIN WEGGEFÄHRTE

Frühe Begegnungen mit dem Tod

Mein Interesse an der Thematik scheint mit Blick auf mein Alter – 33 Jahre – erklärungsbedürftig. Es ist biographisch begründet, und ein kurzer Einblick in Teile dieser Biographie mag bei der Annäherung an das Thema hilfreich sein.

Das »Abschied nehmen vom Leben« hat bei mir schon früh eine Rolle gespielt. Eine erste intensive Begegnung mit dem Tod ergab sich in meiner Kindheit, ich war zwölf Jahre alt: Mein Großvater erlitt beim Schwimmen im Meer einen Herzinfarkt. Er ging vor den Augen meiner Großmutter unter und wurde von den Wellen davongetragen. Dieser plötzliche Tod – wir hatten einen wertvollen Menschen verloren, der für das Leben unserer Familie eine große Bedeutung besaß – und seine tragischen Umstände, die traumatischen Bilder eines im Meer Versinkenden, veränderten und prägten schlagartig das Leben unserer Großfamilie. Unsere Trauer wurde zusätzlich davon belastet, dass es kein Grab und damit keinen Ort für ein Abschiednehmen gab. Der Leichnam war im Meer geblieben. Der »Beerdigungstag« *mit* Seelenamt, aber *ohne* Beerdigung war ungewohnt und unheimlich. Er ist mir deshalb bis heute in lebendiger Erinnerung geblieben. Wenn wir in den folgenden Jahren das Grab unserer Familie besuchten, konnten wir dort zwar auf dem Grabstein den Namen und die Lebensdaten des Großvaters lesen, aber dennoch wusste jeder von uns, dass er hier nicht wirklich bestattet worden war. Die Unkenntnis über den Verbleib seines Leichnams ließ Raum für viele Phantasien. Oft habe ich mir als Kind vorgestellt, mein Großvater sei vielleicht auf wundersame Weise gerettet worden und würde jetzt irgendwo anders – möglicherweise ohne Erinnerung an seine Vergangenheit – leben. Unter Umständen würde er irgendwann wieder nach Hause zurückkehren … Es hat sehr lange gedauert, bis ich wirklich an den Tod des Großvaters glauben konnte. Lange Zeit habe ich diejenigen beneidet, die zum Friedhof gehen konnten und wussten, dass dort ihre Toten beerdigt waren. Ich habe dabei oft an die Hinterbliebenen der Vermissten beider Weltkriege denken müssen.

Einige Jahre nach dieser ersten Konfrontation mit dem Tod erkrankte mein Vater. Die Ärzte diagnostizierten Krebs und prognostizierten eine noch verbleibende Lebenserwartung von einem halben Jahr. Meine Schwester war gerade zehn Jahre alt, und mein Bruder leistete seinen Bundeswehrdienst an der Ostseeküste. Er kam deshalb nur in unregelmäßigen Abständen nach Hause. So wuchs mir mit 15 Jahren an der Seite meiner Mutter die Aufgabe zu, den sterbenden Vater zu begleiten. Es war meine erste Sterbebegleitung, und sie sollte sechs Monate dauern.

Mein Vater war 44 Jahre alt, als der bösartige Befund festgestellt wurde. Obwohl die Ernsthaftigkeit nicht zu übersehen war, weigerte er sich bis zu seinem Tod, nach der Ursache oder den Folgen seiner Erkrankung zu fragen. Es war unter allen Beteiligten wie eine stille Vereinbarung, dass wir nicht über seine bösartige Krankheit sprachen. Damit ergaben sich außerordentlich schwierige Bedingungen für den gemeinsamen Weg, aber es waren keine außergewöhnlichen Konditionen, wie ich später als Priester in der Seelsorge immer wieder erfahren habe. Viele Sterbende versuchen die Ernsthaftigkeit ihrer bösartigen Erkrankung und ihren Tod zu verdrängen und stellen damit ihre Begleitung vor große Probleme.

Ich erinnere mich daran, dass wir von den vielen Veränderungen und Herausforderungen überfordert waren, die sich in der kurzen verbleibenden und von der Krankheit dominierten Zeit des Miteinanders ergaben. Die Begleitung eines Krebskranken und Sterbenden ist immer eine schwere Aufgabe, auch dann, wenn der Betroffene seinen Weg tapfer geht und die körperlichen Beeinträchtigungen mit bewundernswerter Haltung hinnimmt. Was aber vielfach besonders belastet, ist, wenn die Betroffenen diesen Weg alleine gehen müssen und keine Hilfe und Unterstützung erfahren. Damals – 1982 – waren Sterbebegleitung und Hospizbewegung noch kein Thema in der deutschen Öffentlichkeit und in den Medien. Wir mussten deshalb diese Situation weitestgehend auf uns selbst gestellt bewältigen, es gab keine Hilfe. Freilich hörte man vereinzelte Ratschläge von Außenstehenden, aber diese kamen zumeist aus unberufenem Mund oder waren ohne vorheriges Nachfragen und Zuhören leichtfertig dahergesagt. Immer wieder mussten wir die Mahnung hören: »*Ihr müsst euren Vater aufklären. Er muss wissen, was mit ihm los ist!*« Auch Priester waren unter den Mahnern. Sie wollten sicherstellen, dass mein Vater die Sakramente der Kirche empfangen und sich bewusst auf die Begegnung mit Gott vorbereiten konnte. Aber niemand fragte danach, ob er das konnte oder wollte.

Alle diese Belehrungen waren wenig hilfreich. Im Gegenteil: Sie haben uns zusätzlich verunsichert und stets neu unser Gewissen belastet. War es falsch, worauf wir uns verständigt hatten, nämlich den Willen unseres Vaters zu respektieren und auf eine restlose Aufklärung zu verzichten? Wir änderten unsere Entscheidung nicht und blieben konsequent. Doch der Widerstand gegen die Interventionen von außen kostete uns Kräfte, die wir eigentlich nicht hatten. Wir gingen den Weg meines Vaters so, wie er es wollte, und sprachen von einer ernsthaften und lebensgefährlichen Erkrankung. Dennoch – auch ohne die völlige Aufklärung über seinen Gesundheitszustand – erbat mein Vater irgendwann die Sakramente der Kirche. Das war uns allen damals eine große Beruhigung und auch eine kleine Genugtuung.

Wir haben uns während der Begleitung in den meisten Situationen auf unsere Intuition verlassen müssen. Das Sterben und Abschiednehmen vom Leben begegnete uns allen in dieser Nähe zum ersten Mal; wir waren in jeder Hinsicht unerfahren. Eine Begleitung hätte uns deshalb sicher gut getan und entlastet, doch sie fehlte leider. Wir haben uns immer wieder neu – auch noch nach dem Tod – gefragt, ob wir nicht vieles falsch gemacht hatten. Waren wir meinem Vater etwas schuldig geblieben? War es richtig, über die Krankheit zu schweigen? War es klug, meine junge Schwester von allem fernzuhalten? War es angemessen, ihn auf seinen Wunsch hin ins Krankenhaus zu verlegen, statt ihm ein Sterben zu Hause zu ermöglichen? Fragen und bedrückende Zweifel, bei denen uns niemand half, und belastende Gewissenskonflikte, die eine kompetente Begleitung hätte mindern können. Das sind Erfahrungen, wie sie viele Angehörige machen.

Selbst ein Trauernder

Der Tod des Vaters veränderte unseren Alltag und stellte uns vor neue Aufgaben: Die Sterbebegleiter wurden zu Trauernden. Wir hatten uns bisher unentwegt um den Vater gesorgt und davon unseren Tagesablauf bestimmen lassen. Jetzt mussten wir endgültig Abschied nehmen und ohne den Verstorbenen, auch ohne die Sorge um ihn leben. Der Tod brachte eine ungewohnte Stille und unterbrach zur Gewohnheit gewordene Rhythmen. Als ich die Nachricht vom Tod meines Vaters erhielt, war es Mittagszeit. Für gewöhnlich ging ich nach dem Mittagessen ins Krankenhaus, um dort den Nachmittag zu verbringen. So drängte es mich auch an diesem Tag, den Weg zum Hospital anzutreten, dieses Mal aber, um ihn ein letztes Mal zu sehen, um anders als bei meinem Großvater Abschied nehmen zu können und um seine persönlichen Dinge abzuholen. Doch als ich ankam, hatte man meinen Vater bereits in den »Keller« gebracht. Das

Zimmer war leer, und seine Habseligkeiten waren in einem »Müllbeutel« verschnürt. Nur die eingedellte Matratze und das zurückgeschlagene Oberbett waren als sichtbare Spuren seiner Anwesenheit geblieben. Der Pfleger verweigerte mir den Wunsch, den Vater noch einmal zu sehen. *»Behalten Sie Ihren Vater so in Erinnerung, wie Sie ihn gekannt haben. Krebskranke verändern sich so schnell. Das ist kein schöner Anblick.«* Ich bin also mit dem Müllbeutel in der Hand und mit Tränen in den Augen zurück nach Hause gegangen, ohne Abschied und mit der traurigen Gewissheit, dass ich an diesem Tag das letzte Mal ins Krankenhaus gegangen war. Wie viele Menschen mich auf diesem Heimweg gesehen und angesprochen haben, weiß ich nicht mehr. Aber immer wieder traf mich die Frage: *»Was ist denn mit dir los?«* Immer wieder wurde ich umarmt, immer wieder brach ich in Tränen aus, immer wieder hörte ich die entsetzte Reaktion: *»Das ist ja schrecklich!«* Und immer wieder musste ich mich aus einer Umarmung lösen, um weitergehen zu können. Solche Zeichen spontaner Anteilnahme haben den an sich kurzen Weg unendlich lang und schwer werden lassen. Wäre doch einer schweigend an meiner Seite gegangen und hätte mich bis zu unserer Haustür begleitet! Wenn ich mich richtig entsinne, hat die spontane Anteilnahme dieses Nachmittags und der folgenden Tage nicht lange angehalten. Kaum einer von denen, die ähnlich betroffen reagiert haben, hat mich später noch einmal auf den Tod meines Vaters angesprochen. Offensichtlich war den meisten das Thema unangenehm, sie vermieden es deshalb. Wir machten als Familie also erneut die Erfahrung, die wir bereits aus der Zeit der Sterbebegleitung kannten, dass nämlich der Tod Menschen isolieren und einsam machen kann.

Es gab auch während der Trauerzeit keine gezielte Begleitung. Selbst seitens kirchlicher Seelsorge fragte niemand wirklich nach uns, und dass, obwohl wir alle in irgendeiner Weise gemeindlich aktiv waren. Vermutlich hat mich das Erleben dieses Mangels darauf aufmerksam gemacht, wie wichtig die Begleitung Trauernder und wie sehr sie eine Aufgabe der Seelsorge ist. Bei allen schmerzlichen Erinnerungen muss ich aber rückblickend noch eines festhalten, dass nämlich der gemeinsame Weg durch Leid, Tod und Trauer unsere Familie enger miteinander verbunden hat. Wir hatten diese schwierige Situation zusammen gemeistert! Damit wurde eine andere Dimension des Todes spürbar, die sich ebenfalls immer wieder unter Betroffenen beobachten lässt: Der Tod kann auch Menschen zusammenführen und Gemeinschaft entstehen lassen.

An der Seite Sterbender und Trauernder

Nach meinen Studienjahren, in denen ich die stetige Entwicklung der Hospizbewegung in Deutschland verfolgen konnte, und nach meiner Priesterweihe (1993) wurde ich Kaplan in Bergisch Gladbach (Bensberg und Moitzfeld). Hier kam ich mit der Hospizidee praktisch in Berührung. Im dortigen Vinzenz-Pallotti-Hospital, das von Pallottinerinnen geleitet wird, war im selben Jahr eine Palliativstation mit fünf Betten eröffnet worden. Einmal in Vertretung des Krankenhausgeistlichen für eine Krankensalbung auf die Station gerufen, war ich vom dortigen Umgang mit den Sterbenden und ihren Angehörigen und von der Atmosphäre so beeindruckt, dass ich mich dazu entschloss, zukünftig die Arbeit dieser Palliativstation zu unterstützen. Die Begleitung der Sterbenden aus unseren Pfarrgemeinden und die ihrer Angehörigen wurden ein Schwerpunkt meiner seelsorgerlichen Tätigkeit.

Meine Beweggründe für diese Schwerpunktsetzung waren von grundsätzlicher Natur: Es ist wohl eine besondere Herausforderung für den *Glaubenden*, für den das Geheimnis von Tod und Auferstehung im Mittelpunkt seiner religiösen Überzeugung steht, wenn das Leid, das Kreuz, der Tod und die Trauer zum Thema des menschlichen Lebens werden. Der *Seelsorger* scheint gerade darin gefragt, wenn der Tod die Existenz des Menschen zutiefst berührt und grundlegende Fragen aufwirft. Es ist seine Aufgabe, ja seine Berufung, diese Fragen zu teilen, sich ihnen zu stellen und als Theologe mit nach Antworten zu suchen. Ein *Geistlicher* kann sich nur schwer dort rar machen, wo Menschen vielfach aus tiefer Verzweiflung das Gespräch mit Gott suchen oder in Konflikt mit ihm geraten. Es ist ein geistlicher Auftrag, mit den Betroffenen nach Formen und Wegen Ausschau zu halten, die ihnen eine Berührung mit Gott ermöglichen und in bedrängender Perspektivelosigkeit Hoffnung schenken. Als *Priester* muss man sicher gerade dort ein Zeichen der Solidarität und der kirchlichen Gemeinschaft setzen, wo Menschen nicht selten durch Leid und Tod ins Abseits und in die Isolation geraten. Wo nach der Würde des Menschen gefragt und ein würdiger Umgang mit dem Sterben gesucht wird, ist es ohne Zweifel ein Grundauftrag jedes *Christen*, einen Beitrag dafür zu leisten, dass das ganzheitliche Menschenbild unseres Glaubens und die Nächstenliebe praktische Berücksichtigung finden. Ungeachtet aller theologischen und seelsorgerlichen Implikationen und jeder religiösen Verankerung ist es zudem ein *Ausdruck schlichter Mitmenschlichkeit*, für Sterbende und ihre Angehörigen da zu sein und ihnen Nähe und Wegbegleitung anzubieten.

Dass ich als Außenstehender die Arbeit einer Palliativstation/eines Hospizes begleiten konnte, machte es mir möglich, ein weiteres wichtiges Anliegen der Hospizarbeit zu unterstützen. Der Hospizbewegung geht es nicht darum, das Sterben und die Trauer in eigens dafür geschaffene Einrichtungen und Fachzentren zu verlagern. Vielmehr soll das Sterben wieder als ein Teil des Lebens angesehen und in den Alltag der Menschen und der Gesellschaft integriert werden. Das Ziel der Hospizbewegung ist es, so könnte man überspitzt sagen, dass Hospize deshalb überflüssig werden, weil das Sterben wieder dort stattfindet, wo die Menschen leben, oder dass nur noch für diejenigen Patienten Hospize benötigt werden, die aus medizinischen und pflegerischen Gründen schlecht zu Hause betreut werden können. Wer nicht haupt- oder nebenberuflich in der Hospizarbeit tätig ist, hat in besonderer Weise die Gelegenheit, etwas für eine solche Integration zu tun, indem er überall dort, wo er arbeitet und lebt, auf die Anliegen der Hospizidee aufmerksam macht. Als Gemeindeseelsorger konnte ich durch Gottesdienste, Predigten, Gespräche und gezielte Aktionen das Nachdenken über Leid und Tod anregen, die christliche Haltung zu diesen Grunderfahrungen thematisieren und ein neues Bewusstsein in diesen Fragen zu schaffen versuchen. Es war dabei meine durchgängige Erfahrung, dass viele Menschen von diesem Thema berührt und betroffen sind und dass viele deshalb hier die Auseinandersetzung suchen. Leid und Tod sind offensichtlich immer ein Thema, man muss nur den Mut und die Bereitschaft haben, es aufzugreifen.

In den dreieinhalb Jahren meiner Tätigkeit in Bensberg habe ich in Zusammenarbeit mit dem Pflegeteam auf der Palliativstation und in den Gemeinden viele Sterbende und Angehörige begleiten dürfen. Um die Hinterbliebenen nicht nach Tod und Beerdigung ihres Angehörigen allein zu lassen, haben wir ihnen eine Trauerbegleitung angeboten. Viele haben davon dankbar Gebrauch gemacht und immer wieder das Gespräch gesucht. Die große Nachfrage führte schließlich zur Bildung von Trauergruppen. In ihnen konnten die Trauernden auf dem Weg der begleiteten Selbsthilfe mit ihrer Trauer umgehen und leben lernen. Als Begleiter wird man dabei oft zum Zeugen unglaublicher Prozesse und Veränderungen, welche die Trauer im Leben der von ihr Betroffenen bewirkt. Zugleich wird angesichts dieser Erfahrungen das ganze Ausmaß dessen erkennbar, was es für viele Trauernde bedeuten muss, wenn sie ohne Wegbegleitung und Unterstützung mit dem Verlust eines Menschen fertig werden müssen. Eine seelsorgerliche und menschliche Begleitung trifft bei Sterbenden und Trauernden zumeist auf großes Interesse. Sie prägt alle Beteiligten nachhaltig durch viele Erfahrungen und Bilder und bringt Menschen intensiv miteinander in Berührung. Die Zeit, die man an der Seite der Betroffenen verbringt, ist – oft ganz unabhängig vom zeitlichen Aufwand – gerade auch für den Begleitenden wertvoll, und sie verändert das eigene Leben.

Der Bezug zu den Bildern Sieger Köders

Während meiner Zeit als Kaplan in Bensberg wurde in der dortigen Pfarrkirche St. Nikolaus der Kreuzweg von Sieger Köder vervollständigt. Die 14 Stationsbilder thematisieren menschliches Leiden und Sterben auf eine besonders eindrucksvolle Weise. Sie provozieren, sich diesem Thema zu stellen, und können Betroffenen dabei helfen, über die eigenen Erfahrungen mit Tod und Trauer zu reflektieren und sie ins Gebet zu bringen. Im Rahmen einer Sterbe- und Trauerbegleitung bieten manche dieser Bilder und auch andere aus dem Gesamtwerk dieses Künstlers die Gelegenheit, mit Sterbenden und Angehörigen ins Gespräch zu kommen und ihnen etwas Anregendes oder Trostreiches mitzugeben – jedenfalls war das meine regelmäßige Erfahrung.

Der Künstler Sieger Köder begegnete mir zum ersten Mal während meines Studiums in Rom. Im Sommersitz des Germanicums in San Pastore habe ich oft im Refektorium unter einem seiner frühen und damals bekanntesten Bilder gesessen, dem »Mahl der Sünder«. Dies Bild war vom Künstler für diesen Speisesaal geschaffen worden. Sieger Köder hatte Wand, Decke und Steinfußboden des Refektoriums in das Bild übernommen. Alle im Refektorium Sitzenden wurden also in dieses Sündermahl einbezogen.

Das Bild vom »Mahl der Sünder« greift bereits das Thema »Leid und Tod« auf. Hier sitzt die unerlöste und leidende Welt, vertreten durch Repräsentanten unterschiedlichster Randgruppen, mit dem Auferstandenen an einem Tisch. Die durchbohrten Hände des österlichen Christus, die am unteren Bildrand zu sehen sind, deuten an, dass das Leid und die Schuld

»Das Mahl der Sünder«

dieser Welt erst in Tod und Auferstehung ihr Ende und in der Gemeinschaft mit Christus ihre Verwandlung finden werden. Diese Glaubenshoffnung ist für den Christen tiefer und eigentlicher Beweggrund dafür, die Nähe von Leid und Tod nicht zu scheuen und darauf zu vertrauen, dass sich das Dunkel menschlicher Existenz durch die Nächstenliebe mindern lässt und endgültig durch die Liebe Gottes aufgelöst und in ein himmlisches und schattenloses Leben verwandelt werden wird.

Die Bilder Sieger Köders besitzen eine spirituelle Tiefe, die in der modernen Sakralkunst Ihresgleichen sucht. Es gelingt ihnen, die Tiefendimensionen der Heiligen Schrift, die Lebensbezüge und existenziellen Aussagen der biblischen Texte herauszuarbeiten und für den Betrachter transparent zu machen. Viele Erfahrungen, die man in der Konfrontation mit Tod und Trauer und in der Sterbe- und Trauerbegleitung machen kann, lassen sich deshalb in Sieger Köders Bildern entdecken. Auch finden sich viele Sterbende und Trauernde mit ihren Gedanken und Empfindungen in seinen Werken wieder, selbst solche, denen die religiösen Inhalte der Bildmotive fremd sind.

Die Bilder Sieger Köders sind Verkündigung im eigentlichen Sinn des Wortes. Sie bewirken mit großer Unmittelbarkeit, dass der Glaube einen Sitz im Leben der Menschen erhält. Sie stellen lebensnahe Bezüge zwischen dem Betrachter und seinem Leben einerseits und den Erzählungen des Neuen und Alten Testaments andererseits her. Man erlebt sich eingebunden in die Geschichte Gottes mit den Menschen und wird so mitgenommen in die Welt des Glaubens. Die Bilder Sieger Köders helfen, die Bibel mit neuen Augen zu lesen. Man stellt eine ungeahnte Verbundenheit zwischen sich und dem Gott des Glaubens fest: Das leidvolle Leben, die Nöte und Sorgen stehen in engem Zusammenhang mit dem eigenen Leid. Unabhängig davon, ob man in ihm den Sohn Gottes erkennt, kann Jesus so zum Bruder und Freund, zum wertvollen Wegbegleiter werden, weil er in der menschlichen Not solidarisch und wohltuend nahe ist. Die so wiedergefundene, neuentdeckte oder bestätigte Nähe besonders auch zum Jesus des Neuen Testaments schließlich kann bewirken, dass sich der Betrachter für das Glaubensgeheimnis vom Kreuzestod und der Auferstehung öffnet, das über das menschliche Leid und den Tod hinausweist.

II.

»Narrenschiff«

Mit Leid und Tod in einem Boot

Unbestreitbar bestimmen Leid und Tod ganz wesentlich das irdische Dasein. Ein Narr wäre, wer anderes behaupten wollte! Jeder Mensch wird im Verlauf seines Lebens von Leiderfahrungen heimgesucht, und man kann bei näherer Betrachtung nur darüber verwundert sein, wie viele Gesichter und Erscheinungsformen das Leid in dieser Welt besitzt und mit welcher Gewalt es in das menschliche Leben eingreift. Gleichermaßen unausweichlich wie das Leid ist der Tod. Wenn er dem Menschen auch nicht mehrfach unmittelbar begegnen muss, so ist es doch ein Gesetz menschlicher Existenz, dass jeder einmal dem Tod ins Auge schauen wird. So ungewiss sein Tag und seine Stunde sind, so sicher ist er doch. Bei wacher Beobachtung wird jeder, selbst wer bisher keine persönlichen Erfahrungen mit dem Tod machen musste, überall seine Spuren wahrnehmen können. Das Sterben der Menschen und die stets anschauliche Vergänglichkeit von Natur und Zeit lassen keinen Zweifel daran aufkommen, dass der Tod zum Leben gehört. Gleichwohl ist der Mensch oft erst dann für etwas offen, denkt er erst dann über etwas nach, wenn er es am eigenen Leib erfahren muss. Das lässt manche für die unterschiedlichsten Ausdrucksformen des Leids außerordentlich sensibel sein, aber das ist zugleich auch einer der Gründe dafür, weshalb sich der Tod so leicht verdrängen lässt: Es fehlt die alltägliche und unmittelbare Erfahrung mit ihm.

Die Menschen sitzen alle in einem Boot. Ihr Leben wird geprägt und beeinflusst von Leid und Tod, es kennt Wunden und Verletzungen, Mühsal und Traurigkeit. Das Dasein führt ins Ungewisse, nicht selten sogar ins Dunkel, und es fordert ein beständiges und oft schmerzliches »Abschiednehmen vom Leben«, ohne dass man sicher wüsste, wohin man sich verabschiedet. Beinahe möchte man sagen, dass die dunklen Seiten unseres Lebens das Dasein weit mehr bestimmen als Freude und Lebendigkeit. Gerade Betroffenen muss es oft den Eindruck machen, als hätten Leid und Tod das Ruder des Lebens sicher in der Hand.

Leid und Tod stellen das Leben in Frage, sie kommen oft unerwartet, setzen menschlichen Plänen und Möglichkeiten radikale Grenzen und gefährden die Existenz. Sie erscheinen als Gegner des Lebens, als eine von irgendwoher kommende Bedrohung, denen die Menschen hilf- und wehrlos gegenüberstehen. Leid und Tod verbreiten Angst und Schrecken, und gerade weil sie so unausweichlich sind und gewaltvoll sein können, versucht der Mensch ohne den Gedanken und ohne die Erinnerung an sie zu leben.

Die Begegnung mit Leid und Tod hat schon immer Unsicherheit und Existenznot ausgelöst, und sie tut es heute verstärkt. Der technische Fortschritt dieses Jahrhunderts hat immer mehr Grenzen fallen und die Menschheit über sich selbst hinauswachsen lassen. Es wundert nicht, dass so die Hoffnung entstehen konnte, dass sich irgendwann auch Leid und Tod auf dem Weg menschlicher Fortentwicklung zurückdrängen lassen werden und die menschliche »Weisheit« (»Sophia«) sicher das Steuer der Geschichte in die Hand nehmen wird. Leid und Tod sind eine Provokation für den modernen Fortschrittsglauben! Doch alles bisherige Bemühen – die stetige Erhöhung menschlicher Lebenserwartung und die erfolgreiche Bekämpfung vieler Krankheiten – ändert nichts daran, dass Leid und Tod Realitäten sind und bleiben, ja mehr noch, dass sie die menschliche Intelligenz mit immer neuen Fragen und Probleme konfrontieren. Es fällt heute besonders schwer, die Niederlage menschlicher Möglichkeiten einzugestehen und die von der Natur gesetzten Grenzen anzunehmen. Deshalb begegnet unsere Zeit dem Leid und dem Tod mit einer unendlich großen und differenzierten Vielfalt von Verdrängungsmechanismen. Individualisierung und Anonymität machen es möglich, Leid und Tod auszugrenzen und unsichtbar zu machen. Die Betroffenen werden in die Isolation getrieben und in die Einsamkeit abgeschoben und ghettoisiert. Man teilt das Leid und den Tod nicht mehr miteinander, sondern jeder hat sein Leid und seinen Tod für sich zu tragen. Man sitzt nicht mehr in einem Boot, sondern die Leidenden müssen in ihrem eigenen Boot fahren, um die anderen beim Leben nicht zu stören. So kann leicht der Eindruck entstehen, als seien Tod und Leid doch erfolgreich aus der modernen Welt verdrängt, wären da nicht immer wieder die unerwarteten Katastrophen, Schicksalsschläge und Todesfälle, die das Leben plötzlich erschüttern.

Die meisten Menschen sehen in Leid und Tod einen Gegner, sie verdrängen diese Seite des Lebens und nehmen sie nicht als Lebensbestandteile an. Doch in dem gleichen Maß, wie sie das tun, können Leid und Tod noch mehr Schrecken verbreiten und Besitz vom Leben des Menschen ergreifen. Das Entsetzen und die Angst sind dann um so größer, wenn der Mensch mit den dunklen Seiten und dem Tod Bekanntschaft macht. Mit einem Schlag werden unzählige Illusionen, Träumereien und Selbsttäuschungen zerstört, die es niemals gegeben hätte, hätte man mit Leid und Sterblichkeit gerechnet, hätte man anerkannt, dass Leid und Tod keine

Unglücksfälle, sondern feste Regeln des menschlichen Leben sind. Wie oft wird der Prozess des Sterbens und des Trauerns dadurch erschwert, dass viele Menschen annehmen, der Tod könne an ihnen vorbeigehen oder komme auf eigene Bestellung.

Was die Angst und Hilflosigkeit vor der Begegnung mit Leid und Tod heute zusätzlich verstärkt, ist die fehlende religiöse Verankerung vieler. Ein entsprechender Glaube könnte helfen, die Bedeutung von Solidarität und Gemeinschaft in Leid und Tod hervorzuheben, und dort eine Perspektive aufzeichnen, wo die Menschen die Ungewissheit ihrer Existenz als bedrängend erleben. Würde der Tod entsprechend religiös gedeutet, könnte er – trotz allen bleibenden Schreckens – als Partner des Lebens angesehen und verstanden werden, der in eine andere Form von Gemeinschaft führt und den Weg für eine veränderte und neue Existenz frei macht. Nur wenn der moderne Mensch wieder lernt, mit dem Leid und dem Tod zu rechnen und zu leben, wird er ihnen gefasster begegnen. Erst dann wird er wieder nach dem Sinn von Leben und Tod zu fragen beginnen und für die Antworten des christlichen Osterglaubens offen sein. So zeigt die Erfahrung, dass Sterbe- und Trauerbegleitung vielfach den Betroffenen erst dabei helfen muss, den Tod als ein Teil des Lebens anzunehmen. Dann erst eröffnet sich die Möglichkeit, einen Umgang mit dem Tod zu gestalten und die Perspektiven des Glaubens zu formulieren.

Aus dieser Gesellschaftsskizze erwächst eine Anfrage auch an die kirchliche Realität – auch jenseits einer unmittelbaren Sterbe- und Trauerpastoral. Befasst sich kirchliche Verkündigung und Seelsorge ausreichend mit Leid und Tod? Finden im christlichen Binnenraum und in der Gestaltung des gemeindlichen Lebens nicht eine ähnliche Verdrängung und Tabuisierung von Leid und Tod statt, wie sie sich in der Gesellschaft diagnostizieren lässt?

Gesetzt den Fall, die Kirchen versäumen es, den Menschen bei der Annahme von Leid und Tod beizustehen, darf es nicht wundern, dass die Botschaft von der Auferstehung kaum mehr Gehör findet! Nur wer den Tod sieht, fragt nach der Auferstehung, und nur wer das Leid annimmt, sucht nach Erlösung. Die christlichen Kirchen müssen deshalb wieder mehr die Nähe zu den Leidenden und Sterbenden suchen, vorausgesetzt sie wollen den Osterglauben lebensnah und glaubwürdig vermitteln. Gerade heute würden die Kirchen dabei vermehrt auf Menschen treffen, die in ihrer Angst vor dem Tod durchaus aufgeschlossen für die Hoffnung des christlichen Glaubens sind. Es macht allerdings den Anschein, als hätten die Kirchen die »ars moriendi«, die Kunst des Umgangs mit dem Sterben, verloren, deren Pflege jahrhundertelang bei ihnen üblich war. Der Heilige Franz von Assisi bezeichnete den Tod als seinen Bruder und lobte ihn, weil er ihm die Erlösung und die Begegnung mit Gott schenken würde! Bis vor Jahrzehnten war es noch fester Bestandteil christlicher Volksfrömmigkeit, um die Bewahrung vor einem plötzlichen Tod zu bitten, weil man auf ihn und die damit verbundene Begegnung mit Gott vorbereitet sein wollte. Von einer vergleichbaren Glaubenshaltung und Verkündigung scheinen die Kirchen heute weit entfernt. Ihre Botschaft, die dem Leid die Heilung und dem Tod die Auferstehung und das neue Leben entgegensetzt, ist kraftlos geworden! Statt dessen sind Leid und Tod auch für viele Christen Fremde und Gegner, auf die man voller Angst und ohne Vorbereitung trifft. Darf es da verwundern, dass immer weniger nach der Nähe der Kirche und dem Trost des Glaubens gefragt wird, wo Menschen leiden, sterben oder beerdigt werden?

Leid und Tod – Zwiespalt und Wahrheit

Das menschliche Leben ist voller Zwiespältigkeiten. Zwiespälte zwischen Schwächen und Stärken, Grenzen und Illusionen; Zwiespälte zwischen dem, was man ist, und dem, was man sein möchte; Zwiespälte zwischen dem Willen, leben zu wollen, und dem Zwang, sterben zu müssen. Der Mensch leidet unter diesen Zwiespältigkeiten und muss doch mit ihnen leben, weil sie sich nicht einmal durch das größte Aufgebot menschlicher Weisheit und Literatur aufheben lassen. Es ist eine Lebensaufgabe, ehrlich gegenüber sich selbst zu sein und die inneren Spannungen wie seinen Schatten anzunehmen. Sich auch oder gerade trotz seiner schlechten Seiten und Begrenztheiten so lieben zu lernen, dass der Mund redlich lachen kann, wenn auch das Herz manchmal traurig ist, stellt hohe Anforderungen an den Menschen. Viele bemühen sich, dieser Herausforderung zu entkommen. Sie überspielen die Zwiespälte ihres Lebens mit Illusionen, Rollen und Masken. Oft gelingt das mit erstaunlicher Perfektion. Man täuscht die anderen, am Ende aber auch sich selbst über das eigene Ich. Sehr schnell gehen dabei dem Menschen dauerhaft das Verhältnis zu sich selbst und eine realisitische Wahrnehmungsfähigkeit verloren. Es kostet eine unglaubliche Kraft, die äußere Fassade aufrecht zu erhalten und den Schein zu wahren. Doch vor großem Leid und vor dem Tod haben solche Masken in aller Regel keinen Bestand. Sie konfrontieren gnadenlos mit der eigenen Realität und fördern so das ganze Ausmaß eigener Selbsttäuschung zu Tage, was für Betroffene ein zusätzliches Elend bedeutet.

Wo auch immer der Mensch im Verhältnis zu sich selbst steht und wie aufrichtig er die Frage »Wer bin ich?« für sich beantwortet hat: Ein »Abschiednehmen vom Leben« konfrontiert mit den inneren Spannungen und Konflikten. Sieger Köders Bild vom Clown erscheint wie eine Momentaufnahme dieser Situation. Es handelt von der Spannung zwischen Schein und Wirklichkeit, die angesichts von Leid und Tod besonders bedrängend erlebt wird und entsprechend beachtet sein will. Die Beschäftigung mit diesem Bild fordert dazu heraus, sich den eigenen Zwiespältigkeiten anzunähern und zur Wahrheit über sich selbst zu finden. Sieger Köders Clown erleichtert es, über diese Zwiespälte ins Gespräch zu kommen. Vielfach braucht es eine solche Hilfestellung, denn das Aufdecken eigener Selbsttäuschungen und Illusionen, gegebenenfalls sogar das Reden darüber, verlangt Mut. Es ist schließlich nicht leicht festzustellen und zuzugestehen, dass man über lange Zeit seines Lebens ein anderer war, als man eigentlich sein wollte; besonders dann nicht, wenn nur noch wenig Lebenszeit verbleibt, um so zu sein, wie man wirklich ist. So mühevoll das Erkennen und Annehmen eigener Zwiespälte und Grenzen auch ist, so zeigt gerade die Erfahrung der Sterbebegleitung, wie oft dies die Voraussetzung dafür darstellt, dass Menschen zur Selbsterkenntnis und zum inneren Frieden finden. Daran wird deutlich, dass es gerade in der Begleitung von Leidenden, Sterbenden und Trauernden eine Aufgabe ist, für die Spannungen sensibel zu sein, die Leid und Tod aufdecken. Es bedarf oft der Ermutigung von außen, über solche inneren Konflikte zu sprechen, die Masken abzulegen und zu sich selbst zu finden. Das Bild vom Clown macht den Einstieg dazu leicht.

Ob nun in alltäglichen Lebenssituationen oder im Prozess des Sterbens, es ist besonders schwer, vor Angehörigen und Freunden die eigenen Masken und Rollen abzulegen. Gerade dann, wenn sie zur jahrealten Gewohnheit geworden sind, hat man Angst vor den Reaktionen des Umfelds, vor Enttäuschung und Verunsicherung. *»Was werden die anderen von mir halten, wenn sie mein wahres Gesicht sehen?«* Ein Beispiel aus der Sterbebegleitung kann das verdeutlichen und zugleich vermitteln, wie wichtig es ist, dass man ermutigt wird, solche Scheu zu überwinden:

Eine alleinstehende Mutter von drei Kindern lag im Sterben. In ihrem Familien- und Freundeskreis galt sie als starke Frau, die ihre Familie organisiert und der nichts aus der Hand gleitet. Bei ihr gab es für alles einen festen Zeitplan und eine straffe Ordnung. Unsicherheit, Müdigkeit und Krankheit schien es in ihrem Leben nicht zu geben. Nun war sie von einer Tumorerkrankung gezeichnet und vollkommen auf die Hilfe anderer angewiesen. Ein Kontrastbild, das denen, die sie kannten, nur schwer erträglich war. Es war auffällig, mit welch bewundernswerter Selbstbeherrschung sie ihre Situation hinnahm, welche Haltung sie besaß, wann immer sich jemand in ihrem Zimmer aufhielt, besonders dann, wenn die Kinder an ihrem Bett standen. An einem Abend verabschiedete sich ihr fünfjähriger Sohn mit den Worten: »Mama, du bist so stark und tapfer. Ich bin stolz auf dich.« Ich selber kam wenige Minuten später in das Zimmer. Die Frau weinte. Sie war so sehr am Boden zerstört, dass es ihr nicht so bald gelang, ihre Beherrschung zurückzugewinnen. Als sie sich wieder etwas gefasst hatte, sagte sie: »Könnte ich meinen Kindern doch sagen, wie verzweifelt und ratlos ich bin. Wissen Sie: Ich war nie wirklich stark. Eigentlich hatte ich immer Angst und bin immer unsicher gewesen. Deshalb habe ich den ganzen Tagesablauf fest organisiert und geplant und nichts dem Zufall überlassen. In Wahrheit aber war ich völlig überfordert. Wie oft habe ich im Stillen geweint! Wie oft war ich krank! Ich habe es immer überspielt, damit es die Kinder nicht merkten.

»Der Mund kann lachen, wenn das Herz auch traurig ist.«

Wie enttäuscht wären meine Kinder, wenn sie wüssten, wie schwach ihre Mutter ist, und wenn sie mich jetzt so sehen müssten.« Wir haben dann sehr lange miteinander gesprochen und gemeinsam darüber nachgedacht, ob es nicht eine Erleichterung wäre, wenn sie ihren Kindern gegenüber ehrlich sein dürfte. War es für die Kinder nicht wichtig, auch die schwachen Seiten ihrer Mutter zu erleben? Vielleicht würden sie so lernen, wie bedeutsam und befreiend es ist, ehrlich gegenüber sich selbst und gegenüber anderen zu sein. Sie würden ihre Mutter so in Erinnerung behalten, wie sie wirklich war.

Am nächsten Tag erlebten die Kinder eine »andere« Mutter, ohne Maske und mit Tränen. Diese Veränderung kam überraschend, und es fiel den Kindern zunächst nicht leicht, sie zu verstehen und anzunehmen. Aber schon am nächsten Tag konnte man mitverfolgen, wie die Kinder begannen, sich mit unglaublicher Phantasie und Liebe um ihre Mutter zu sorgen. Sie sahen auf einmal eine neue Aufgabe und herausforderungsvolle Verantwortung: Sie konnten und mussten ihrer Mutter helfen. Die Kinder wuchsen dabei über sich selbst hinaus. Der sterbenden Mutter tat solche Zuwendung sichtlich gut. Sie fasste daraus die Hoffnung, dass ihre Kinder auch ohne sie ihren Weg finden würden. Nach ihrem Tod haben die Kinder immer wieder betont, wie wichtig es für sie war, ihre Mutter auch schwach und auf ihre Unterstützung angewiesen erlebt zu haben.

Das »Abschied nehmen vom Leben« lässt die Zwiespälte des Lebens besonders sichtbar werden. Die Erwartung von Leid und Tod stellt wie kaum etwas anderes Pläne und Hoffnungen, Illusionen und Täuschungen in Frage. »Was bleibt noch angesichts des Todes?«, »Was hat Bestand und was mag noch möglich sein?«, »Was hatte ich noch alles vor?« Diese Fragen stellt man als Betroffener gemeinsam mit dem Clown, der fragend auf die verblühende Rose in seinen Händen schaut. Das bringt einen Zwiespalt ganz eigener Art hervor, der das Abschiednehmen nicht leichter macht, nämlich den zwischen den unerfüllten Träumen und der durch den nahen Tod begrenzten Lebenszeit. Vielleicht kann hier der Gedanke eine Richtung weisen, der vereinzelt im Gespräch mit Sterbenden bei der Betrachtung des Bildes vom Clown aufgekommen ist. Manche fanden im Gesicht des Clowns neben der Frage auch eine Hoffnung ausgedrückt. Ihnen schien es, als würde der Clown durch die Rose hindurchsehen und ihm dieser »Durch«-Blick die Einsicht vermitteln, dass der Tod nicht nur Spannung erzeugt, sondern auch Spannungen und Zwiespälte nimmt. Spricht der Gesichtausdruck des Clowns nicht wirklich von einer hinter dem Tod liegenden Hoffnung, die beim »Abschied nehmen vom Leben« den Mund lachen lassen kann, auch wenn das Herz traurig ist?!

Der Tod und die Ernte des Lebens

»Alles Fleisch zerfällt wie ein Kleid« (Sir 14), an diese Worte aus dem alttestamentlichen Buch Jesus Sirach hat Sieger Köder gedacht, als er seine Vogelscheuche malte. Wie zu früheren Zeiten das menschliche Skelett mit der Sense in den Händen, so steht sie – mahnend – für die Unabwendbarkeit des Todes. Obgleich das Motiv einer Vogelscheuche vergleichsweise weniger eindringlich ist, bietet es doch eine nüchterne Sichtweise vom Ende des Lebens, die nachdenklich machen kann. Beinahe scheint die provokante Verfremdung eines Sprichwortes ins Bild gesetzt: »Der Mensch, er taugt zu nichts im Leben, als Vogelscheuchen abzugeben.«

Die Darstellung lässt keinen Zweifel an der Endlichkeit menschlicher Existenz und dennoch hat sie etwas Friedliches. Endlichkeit und Tod stehen im Kontext abgeernteter Felder. Es ist Winter, der Acker ordentlich und in gerade Linien gelegt. Pflicht und Schuldigkeit sind erfüllt, für den Bauern und für die Vogelscheuche gleichermaßen. Der Tod findet also zu einer Zeit Darstellung, in der bereits die Ernte des Lebens eingefahren ist. Damit greift das Bild eine weit verbreitete Sichtweise und Erwartung auf. Der Tod hat zu kommen, wenn das Leben erfüllt, die Zeit dafür reif und das Leben gelebt ist. Alles andere ist ein tragischer Unglücksfall. Doch wie oft macht der Tod eine Ausnahme von dieser vermeintlichen Regel, kündigt er sich an, wenn die Lebensfelder noch unbearbeitet, im Zustand der Aussaat oder der Blüte sind. Wie oft müssen Menschen zu einem Zeitpunkt Abschied von ihrem Leben nehmen, zu dem sie noch nicht annähernd an das Einholen der Ernte gedacht hatten. Der Tod verlangt von ihnen, vieles ungeordnet und unfertig zurückzulassen.

Vergleichbar dem Bauern, der wegen einer angekündigten Schlechtwetterfront vorzeitig auf seine Felder eilt, um einen Teil der Ernte vor dem Unwetter zu retten, bedrängt ein frühes oder unerwartetes »Abschiednehmen vom Leben« den Sterbenden mehr noch als sonst mit der Frage, was die Leistung seines Lebens und was die Ernte ist. *»Was hat man zu Wege gebracht?« »Was ist der Ertrag des eigenen Lebens, wenn es schon jetzt zu Ende geht?«* Die Ernte des Lebens unter so erschwerten Bedingungen und zu einem Zeitpunkt einholen zu müssen, zu dem noch nicht wirklich von einer Ernte die Rede sein kann, ist eine schwierige Herausforderung. Wie bei der Ernte in der Natur kann es deshalb auch beim Abschied vom Leben

»Vogelscheuche«

nützlich sein, wenn es »Erntehelfer« gibt. So fällt es vielfach leichter, sich eigene Leistungen bewusstzumachen und von der Ernte des Lebens zu sprechen. Hier kann sich liebevolle Wegbegleitung bewähren.

Beim »Bestellen« der Lebensfelder ist es eine verständliche Versuchung, die Realität zu schönen und brach liegende Felder fruchtbar zu reden. Wer will schon auf Misserfolge zurückblicken? Doch solche Verdrehungen der Wirklichkeit haben angesichts des Todes keinen Bestand! Zum Leben gehören Erfolg und Misserfolg gleichermaßen, an dieser Wahrheit führt kein Weg vorbei. Es gilt zu erkennen, dass das Leben auch dann nicht umsonst gewesen ist, wenn vieles unfertig bleiben muss. Schließlich gehört es zu den Wesensmerkmalen irdischer Existenz, dass der Mensch unvollkommen ist und damit unfertig bleibt. Gerade im heutigen Produktionsprozess erlebt man immer seltener, dass ein einzelner Mensch ein Produkt von seinen Anfängen bis zum Endergebnis fertigt. Es gehört zum Alltag, dass andere dort weitermachen, wo man selbst aufgehört hat. Oft kann man kaum mehr überblicken, wozu der eigene Beitrag dient, und dennoch steht fest, dass er unverzichtbar ist – und mag er noch so unwesentlich erscheinen. Weshalb sollte sich das mit dem menschlichen Leben anders verhalten? Kann es nicht sein, dass ein Mensch fruchtbar gearbeitet hat, ohne dass er es weiß oder sich selbst daran erinnert? Können wir die Bedeutung ermessen, die ein Leben für andere, für das Ganze des Lebens und für Gott gehabt hat? Weiß die Vogelscheuche, wie viele Körner sie vor den Schnäbeln der Vögel gerettet hat und wie groß ihr Beitrag zur Ernte war?

Ein Sterbender, der sich mit vielem Unvollkommenen seines Lebens konfrontiert sah, hat einmal nach längerem Zögern gesagt: »Ach wissen Sie, hätten die Handwerker damals nicht mit dem Bau des Kölner Domes begonnen, weil sie wussten, dass sie ihn nicht vollenden würden, dann gäbe es unseren Dom nicht. Also, was weiß ich, wofür mein Leben nicht doch gut war.« Das ist eine Antwort.

Wo es nach dem resümeeziehenden Rückblick bedrückt, dass Felder unbestellt zurückgelassen werden müssen oder aber Aufgaben nicht mehr zu Ende geführt werden können, hilft es, nach Menschen zu suchen, etwa Familienangehörigen und Freunden, die daran weiterarbeiten werden. Das Loslassen und Abschiednehmen wird durch das Wissen erleichtert, dass bisher Geleistetes seine Fortführung findet. Jedoch kann eine solche Suche nach Erben und Nachfolgern auch schmerzlich erkennen lassen, dass es niemanden geben wird, der dort weiterarbeiten wird oder will, wo man selbst zum Aufhören gezwungen ist. Diese Feststellung, dass die Lebensfelder keine Zukunft haben, um die man sich besonders bemüht hat und die einem intensiv am Herzen gelegen haben, und dass die Werke, in denen der Mensch gehofft hat, weiterleben zu können, ebenso der Vergänglichkeit unterworfen sind wie er selbst, erschwert vielen das Loslassen eines Lebenswerkes und damit das Sterben. Hier wird man sich wohl nur mit dem Gedanken trösten können, dass sich auch der Sinn von Leistungen und Werken nicht ausschließlich an dem bemisst, was sie für die Zukunft bedeuten. Sinn hat etwas auch dann gehabt, wenn es »nur« für Vergangenheit oder Gegenwart bedeutsam war.

Das Bild von der Vogelscheuche, die auf abgeernteten Feldern steht, könnte nun den Eindruck vermitteln, dass der Tod leichter angenommen werden kann, wenn Menschen aufgrund ihres Alters oder ihrer Lebenserfahrung auf ein erfülltes Leben zurückblicken. *»Du müsstest doch dankbar sein, dass du so lange leben konntest. Sieh dir doch an, was du alles geleistet hast. Denke doch mal an die vielen, die jung sterben müssen und die so vieles nicht haben erleben dürfen!« »Was willst du eigentlich mehr? Du hast dein Leben doch gelebt.«* Solche Worte, die Zuspruch und Trost sein sollen, werden immer wieder gesagt, wenn ältere Menschen sterben. Doch nur selten treffen sie das Empfinden der Betroffenen. Nur selten bedeuten sie Trost. Sie vermitteln vielmehr vielen Sterbenden ein schlechtes Gewissen, weil sie an ihrem Leben hängen, während andere ihren Tod offenbar für gerecht und vertretbar halten. Solche Kommentare müssen deshalb vielfach Anlass für Missverständnisse sein. Ähnliches gerade von Nahestehenden hören zu müssen, kann Vertrauen zerstören und Verbitterung und Enttäuschung hervorrufen. In seiner Not als Sterbender und im Ringen um das Leben ausgerechnet von geliebten Menschen nicht ernst genommen und verstanden zu werden, erschwert es, den Tod anzunehmen und den Weg des Sterbens zu gehen.

Es gibt kein Maß an Zeit und an Ernte, das als objektives Kriterium dafür gelten kann, wann ein Leben enden darf oder muss! Manchmal sind es gerade die große Anzahl an Lebensjahren und die umfangreiche Ernte, die das Loslassen erschweren. Dass man am Ende des Einholens der Ernte auf ein gutes Ergebnis sehen kann, muss den Sterbenden nicht mit seinem Schicksal eins werden lassen. Das ist ein Denkfehler, der in der Leistungsgesellschaft oft gemacht wird. Es gibt viele andere Gründe – unabhängig von der Frage der Lebensernte –, die Menschen am Leben festhalten lassen, und andere Hindernisse auf dem Weg des Sterbens, die oft erst ausgeräumt werden müssen, bevor der Tod angenommen werden kann. Diese Gründe zu finden und zu klären, ist die »Aufgabe« des Sterbens und die einer guten Begleitung.

Das Sterben und die Last der Schuld

Die Konfrontation mit dem Tod provoziert einen Rückblick auf das Leben, der nicht nur Gelungenes und Erfreuliches, sondern auch Misslungenes und Belastendes zu Tage fördert. Der Betroffene findet Fehler und Versagen. Er erinnert sich an Verletzungen und Wunden, die er anderen beigebracht hat und die ihm selbst zugefügt worden sind. Nicht selten ist diese Erinnerung am Ende des Lebens eine bedrückende Last. Sich von ihr zu lösen ist eine schwierige Aufgabe, die noch dadurch erschwert wird, dass viele Menschen kein Verhältnis mehr zu ihrer eigenen Schuld besitzen und nicht gelernt haben, Vergebung zu suchen und eigene Probleme zu thematisieren. Hier erlebt man die bedrängenden Folgen einer verbreiteten Lebenseinstellung, in der es keine wirkliche Schuld mehr gibt, sondern Fehler lediglich das Resultat tragischer Umstände sind. Hier wirkt sich aus, dass es zum modernen Selbstverständnis gehört, keine Probleme zu haben und über den Dingen zu stehen. Die Begegnung mit dem Tod macht jedoch bedrängend erfahrbar, dass alles das Täuschungen sind! Sie konfrontiert den Menschen mit seinem Lebensballast, ohne dass er heute annähernd wüsste, wie er damit umgehen soll, ohne dass er gelernt hätte, darüber zu sprechen und sich davon zu befreien. Das bedrückt und macht einsam, besonders dann, wenn der Tod nicht mehr viel Zeit zur Klärung lässt.

Das Bild Sieger Köders »Mülleimer« lässt sich gut in den Kontext dieser Erfahrungen stellen, die viele beim »Abschiednehmen vom Leben« machen. Die Mülleimer, von denen alle mit den Initialen ihres Besitzers gekennzeichnet sind, drängen den Betrachter zu der Frage, was in seinem Leben zerbrochen und gescheitert ist. Das Bild greift das Nachdenken über Schuld und Last auf und weist dem Umgang mit beidem einen Weg. Die belastenden Dinge des Lebens bei sich und für sich zu behalten, erzeugt einen großen seelischen Druck. Deshalb sollte man nach einem Ort und einer Form suchen, die hier Erleichterung ermöglicht. Man braucht so etwas wie einen Mülleimer, dem man Fehler und Versagen überlassen kann. Die Erfahrung vieler Begleitungen zeigt, wie wichtig es ist, dass sich Betroffene von diesem Ballast trennen, nicht zuletzt damit der vor ihnen liegende und zumeist noch schwerer werdende Weg davon nicht unnötig belastet wird. Zudem ermöglicht erst die Klärung eigenen Versagens, nach Versöhnung und Wiedergutmachung zu suchen. Sie hilft, Dinge aus der Welt zu schaffen und mit sich und der Welt ins Reine zu kommen.

»Mülleimer«

Ein Weg, der solche Klärung und Erleichterung ermöglicht, ist vielfach das offene Gespräch. Das Bild von den Mülleimern kann dabei erfahrungsgemäß den Einstieg erleichtern. Der Betroffene muss jedoch davon ausgehen können, dass sein Gegenüber eine Diskretion besitzt, die sich auch noch nach dem Tod zum Schweigen verpflichtet weiß. Zudem müssen die Gesprächspartner die Grenzen eines solchen Gespräches kennen und respektieren. Der Betroffene darf den anderen mit seinen Ausführungen und Erwartungen nicht überfordern und vereinnahmen, und der Zuhörer muss im Blick behalten, dass es sich verbietet, in das Innere eines Menschen ungefragt vorzudringen. Wo die Beteiligten sich nur schwer an diese Grenzen halten können, ist es geraten, die Unterstützung von Fachleuten, beispielsweise von Seelsorgern oder Psychologen in Anspruch zu nehmen. Viele scheuen sich vor diesem Schritt, dennoch ist es in solch komlexen und bedrängenden Fragestellungen oft hilfreich, auf kompetente und geschulte Gesprächspartner zurückzugreifen. Manche Sterbende suchen jedoch sehr gezielt das Gespräch mit ihren Angehörigen, um mit ihnen gemeinsam zu klären, was es rückblickend im Miteinander an Schuld und Fehlern gegeben hat. Solche Gespräche ermöglichen, dass sich Menschen besser verstehen lernen, dass sie sich näherkommen und sich noch zu Lebzeiten Verzeihung schenken können.

Das mitmenschliche Gespräch ist ein Weg, sich mit Schuld und seelischer Belastung auseinanderzusetzen und sie zu bewältigen. Dennoch muss es immer in die freie Entscheidung des Betroffenen gestellt sein, ob er solche Gespräche führen und diesen Weg der Auseinandersetzung beschreiten möchte. Alles andere wäre eine zusätzliche Belastung und eine Zumutung für seinen Weg!

In der Auseinandersetzung mit der eigenen Schuld und den persönlichen Schwächen spielt immer wieder auch die religiöse Dimension eine Rolle. Viele, auch bis dahin ausgesprochen unreligiöse Menschen scheinen angesichts des Todes zu spüren, dass es neben der Verantwortung gegenüber sich selbst und den Mitmenschen auch noch eine höhere Verantwortung gibt, nämlich die gegenüber Gott. Sterbende stellen sich oft die Frage, ob sie trotz ihrer Fehler und Sünden Gnade und Verzeihung finden können. Es macht ihnen Angst, dass Gott die Menschen nach ihren Leistungen beurteilen und zwischen Guten und Bösen unterscheiden könnte. Sie befürchten, wegen ihrer Fehler keine Vergebung zu finden und deshalb von einem Leben nach dem Tod ausgeschlossen zu sein. Es wäre deshalb sinnvoll und hilfreich, wenn gerade die christliche Vorstellung von einem

Leben nach dem Tod und der Glaube an einen Gott, der den Menschen mit Liebe und Verzeihung begegnet, stärkere Konturen annehmen würden. Das könnte viele Sterbende erleichtern und dazu ermutigen, den Weg der Selbstbesinnung und Versöhnung zu gehen. Das Reden vom Fegefeuer und der Hölle hingegen, das die kirchliche Verkündigung viele Jahrhunderte bestimmt hat und viele Menschen nach wie vor prägt, bewirkt das Gegenteil, oder aber es treibt die Betroffenen aus Angst zur Umkehr. Beides kann jedoch nicht wirklich gewollt sein. Hier wird deutlich, wie sehr die Kirchen die Fehler der Vergangenheit korrigieren und anders von Gott zu sprechen versuchen müssen.

Wie hilfreich und tröstend es ist, wenn Menschen beim »Abschiednehmen vom Leben« darauf vertrauen können, dass sie bei Gott Verständnis und Vergebung finden werden, lässt sich immer wieder erleben. Ein Beispiel mag das verdeutlichen:

Nach dem Gespräch mit einem Sterbenden über das Sieger Köder-Bild »Mülleimer« erhielt ich den Auftrag, für ihn einen kleinen Mülleimer zu kaufen. Der krebskranke Mann beschriftete ihn zunächst mit seinem Namen und stellte ihn dann neben sich auf den Tisch. In den folgenden Tagen füllte er den Eimer mit großen und kleinen Zetteln, auf denen aufgeschrieben war, was er in seinem Leben als nicht gelungen ansah. Eine Woche später sagte er: »Es ist nun alles im Eimer, was in ihn gehört.« Der Deckel wurde daraufhin fest verschlossen und verklebt. Ich erhielt den Auftrag, ihm diesen Mülleimer in den Sarg zu legen. Er sagte dazu erklärend: »Wenn es einen Gott gibt, möchte ich ihm bei der ersten Begegnung sofort meinen Müll geben können. Er soll sehen, dass ich mich mit meinen Fehlern auseinandergesetzt habe. Ich werde ihn um Verzeihung und Frieden bitten und darauf hoffen, dass er mir trotz allem, was ich angestellt habe, bei sich ein kleines Eckchen gibt.«

Wo Menschen dafür offen sind, kann es von ihnen als etwas Besonderes erlebt werden, wenn Versöhnung auch zeichenhaft erfahrbar wird. Hier liegen die Chance und die besondere Stärke des Bußsakraments, denn dieses macht die Versöhnung in einem Zeichen erfahrbar. Der Austausch mit dem Priester im Verlauf der Beichte hilft bei der Klärung eigener Schuld, und die hörbare Zusicherung der Vergebung ermöglicht das Gefühl von Frieden und Versöhnung in einem Ausmaß, wie man es sich selbst kaum zusprechen kann. In der Begleitung von Menschen lässt sich so immer wieder die befreiende Kraft des Versöhnungssakramentes erleben, so dass man eigentlich nur vielen diese Erfahrung wünschen kann. Leider aber haben viele schmerzliche Vorerfahrungen und die eigenartigsten Vorstellungen von der Beichte, so dass die Nachfrage gering bleibt. Auch das ist nicht selten ein Folge mangelhafter kirchlicher Verkündigung und Praxis.

Das »Abschiednehmen vom Leben« macht die Last eigener Schuld und viele Verletzungen bewusst. Welchen Weg man auch immer beschreiten mag, der Umgang mit dem persönlichen Versagen bleibt schwer. Nur selten wird es gelingen, dass sich ein Mensch vor seinem Tod ganz mit sich selbst versöhnt, oft aber können die Bereitschaft zur Auseinandersetzung und die Unterstützung anderer dabei helfen, sich von vielem zu befreien, was den Weg des Sterbens belasten würde, und sie können die tröstende Erfahrung von Vergebung und Versöhnung ermöglichen.

»Kirchengeschichte«

Der Tod und das bewusste Leben

In der biblischen Weisheitsliteratur heißt es: »Für jedes Geschehen unter dem Himmel gibt es eine bestimmte Zeit: eine Zeit zum Gebären und eine Zeit zum Sterben.« (Koh 3,1-2) So werden die Menschen in die Zeit hineingeboren und irgendwann durch den Tod wieder aus Raum und Zeit herausgeführt. Jedes Abschiednehmen von einem Tag verweist auf die menschliche Vergänglichkeit und ermöglicht das Gesetz einzuüben, unter dem das Dasein steht. Den Tod als Wirklichkeit anzunehmen und mit ihm zu leben, das wird in der Heiligen Schrift als weise angesehen.

Es ist jedoch kein Ausdruck moderner Lebensart, über den Tod nachzudenken, gar mit ihm zu leben. Man glaubt, Lebensfreude zu verlieren und trübsinnig zu werden, wenn man es täte. Viele Zeitgenossen planen Gegenwart und Zukunft so, als ob es kein absehbares Ende gäbe, und halten es ansonsten für früh genug, sich dann mit dem Tod zu befassen, wenn es unmittelbar an der Zeit ist. Diese Einstellung ist Ergebnis einer mangelnden Auseinandersetzung mit dem Tod und Ausdruck einer großen Angst. Es ist ein beachtliches Phänomen, dass ausgerechnet der aufgeklärte Mensch sich so sehr vor einem Teil der Wahrheit über das Leben verschließt.

Sicher trifft es zu, dass derjenige, der die Begrenztheit seiner Lebensdauer realisiert, mit großer Wahrscheinlichkeit sein Leben anders nutzt und gestaltet. Aber das Rechnen mit dem Tod macht das Leben nicht ärmer, sondern reicher. Es verleiht dem Dasein Gründlichkeit und Tiefe. Die Erfahrung vieler, die einmal durch eine schwere Erkrankung dem Tode nahe waren, bestätigt das. Von ihnen ist immer wieder zu hören, dass die Konfrontation mit dem Tod das Leben verändert. Betroffene behaupten von sich, anschließend neue Prioritäten zu setzen und bewusster zu leben. Wer die Augen vor dem Ende des Lebens nicht verschließt, wird die Worte verstehen und beherzigen können, die an einer anderen Stelle der Bibel formuliert sind: »Sehet zu, dass ihr als Weise die Zeit auskauft« (Eph 5,15f). Vermutlich wird der, der die Begrenztheit seiner Lebenszeit annimmt, stärker dazu im Stande sein, das Wesentliche zu tun, und in diesem Sinn die Fähigkeit entwickeln, seine Zeit weise zu nutzen.

Viele problematische Erscheinungen der Moderne könnten darin begründet sein, dass der Mensch verlernt hat, mit der Vergänglichkeit zu leben. Wenn immer wieder davon gesprochen wird, dass die Menschen oberflächlicher geworden seien und viele ihr Leben so konzipieren, als gäbe es das Ende nicht, dann mag darin der Grund liegen. Es kann nicht weise sein und am Ende auch nicht folgenlos für eine Gesellschaft bleiben, wenn sich der Mensch über ein wesentliches Merkmal seiner Existenz hinwegtäuscht. Die Lebenserwartungen werden stets unrealistischer, und alles, was nur an die Vergänglichkeit erinnert, wird beiseite geschoben. Das Leben und insbesondere der Umgang mit denen, die Abschied vom Leben nehmen müssen, wird dadurch nicht menschlicher! Was manche Betroffenen zu ihrem Leid zusätzlich an Ablehnung und Ausgrenzung erleben und erleiden müssen, weil Schwäche und Krankheit, Sterben und Tod von anderen als ein Angriff auf ihr »positives« Lebensgefühl verstanden werden, ist erschreckend.

Über den Tod als einen Bestandteil des Lebens nachzudenken heißt deshalb nicht nur, Betroffene besser zu verstehen. Vielmehr wird ein Nachdenken über den Tod und seine Bedeutung für das Leben auch Einfluss auf die persönliche Lebensführung des Einzelnen und das zwischenmenschliche Verhalten innerhalb einer Gesellschaft haben. Gerade hier liegt ein wesentlicher Beitrag, den die Hospizbewegung für die Gesellschaft geleistet hat und weiter leisten kann. Es ist leicht zu beobachten, dass zumeist dort, wo sie tätig ist, ein anderes Verständnis vom Tod und vielfach auch eine neue Lebenseinstellung wachsen. Menschen beginnen, aufmerksam geworden für den Tod, bewusster mit ihrer Zeit umzugehen und für die da zu sein, für die die Zeit des Sterbens und des Abschieds gekommen ist. Das Bemühen um eine »ars moriendi«, um einen bewussten und würdigen Umgang mit Sterben und Tod, kann so in der Gesellschaft zu einer neuen »ars vivendi«, einer Kultur des bewussten und des menschlichen Lebens führen. Die leere Karte des Kartenspiels im Bild Sieger Köders fragt, was angesichts einer verstreichenden Lebenszeit, auf die unter anderem das Symbol der Sanduhr im Hintergrund aufmerksam macht, noch in das Leben zu schreiben und was noch zu regeln ist. Dieses Bildmotiv kann für jeden Betrachter, nicht nur für den unmittelbar vom Tod Betroffenen, ein Anhaltspunkt dafür sein, über sein Leben nachzudenken und durch die Begegnung mit dem Tod konstruktive Impulse für sein Leben zu erhalten. So beispielsweise wird praktisch aus der »ars moriendi« eine »ars vivendi«.

Was für die Gesellschaft als ganze gilt, das lässt sich auch immer wieder in der Begleitung des einzelnen Betroffenen beobachten. Wenn es ihm gelingt, als Realität anzunehmen, dass für ihn die »Zeit für das Sterben« begonnen hat, dann kann er die verbleibende Zeit oft sinnvoller nutzen. Es wird möglich, unerledigte Dinge zu regeln und letzte Spuren zu hinterlassen, sofern das der entsprechende Krankheitsverlauf zulässt. Es gehört zu den beeindruckendsten Erfahrungen, miterleben zu dürfen, wie Sterbende noch einmal ihr Leben in die Hand nehmen und ihre Zeit »als Weise auskaufen«. Viele denken dabei mit unglaublicher Phantasie darüber nach, wie sie ihren Angehörigen noch eine Freude machen können. Manche treffen sehr detaillierte Vorbereitungen für ihre Trauerfeierlichkeiten, um den Hinterbliebenen die Arbeit und die Belastung zu erleichtern, die ihr Tod hervorrufen wird. Andere schreiben Worte zum Trost auf, die den Beteiligten in der Trauer eine Hilfe und ein persönliches Vermächtnis sein sollen. Nicht selten laden sich Sterbende Gäste ein, um Beziehungen zu klären, Verhältnisse zu regeln oder noch einmal Gemeinschaft zu stiften und selbst zu erleben. Es ist erstaunlich, welche Initiativen von Sterbebetten ausgehen können, wenn Sterbende ihr Sterben gestalten.

Eine Erfahrung mag hier stellvertretend für viele stehen:

Eine ältere Frau wusste, dass sie ihren Angehörigen nichts Materielles hinterlassen konnte. Sie entschied sich deshalb, ein geistliches Testament zu schreiben. In ihm sollte zu lesen sein, was sie durch die vielen Schicksalsschläge hindurch getragen und am Leben erhalten hatte. Sie schrieb über mehrere Seiten von ihrem Glauben an einen Gott, der für sie da war, sie festgehalten und getragen hat. Sehr genau hielt sie die Augenblicke fest, in denen sie sich ihm besonders verbunden wusste. Ihr geistliches Testament gab Zeugnis von dem, was ihr das Kostbarste im Leben war. Die alte Dame war fest davon überzeugt, dass ihre Kinder und Enkelkinder irgendwann einmal in Lebenssituationen stehen würden, die sie nach dem fragen lassen würden, was sie jetzt augenscheinlich nur wenig interessierte, nach den Quellen, aus denen sie geschöpft und gelebt hatte.

Vermutlich sind vererbte Zeugnisse wie dieses einmal wertvoller als manches Vermögen.

Nicht jeder Sterbende findet einen Weg, seinen Tod anzunehmen. Viele verschließen sich beständig ihrer Realität und verweigern sich so einer bewussteren Gestaltung der verbleibenden Lebenszeit. Mit dieser Entscheidung eines Sterbenden zu leben und zuzusehen, wie die restliche Zeit scheinbar nutzlos verstreicht, ist für Angehörige und Begleiter schwierig. Aber selbst das Wissen um die Möglichkeiten, die sich einem Sterbenden durch die Annahme seiner Endlichkeit bieten können, ändert nichts daran, dass man die Entscheidung des einzelnen respektieren muss, seinen Weg anders gehen zu wollen. Das fordert die Achtung vor der Freiheit jedes Menschen.

III.
DIE ERSTEN SCHRITTE
AUF DEM WEG DES ABSCHIEDS

»Am Ölberg«

Momente düsterer Ahnung

Bevor Leid und Tod in das Leben eines Menschen eindringen und das Abschiednehmen vom Leben verlangen, gibt es oft so etwas wie Stunden einer bösen Vorahnung: *»Ich habe geahnt, dass so etwas kommen würde«*, berichten viele Betroffene im Rückblick.

Damit sind Augenblicke gemeint, die mitten im Alltag geschehen. Für den Betroffenen überraschend und oft ganz unbemerkt von der Umgebung, kommt in einer Stunde der Einsamkeit, zumeist in der Nacht, eine eigentümliche innere Unruhe auf. Es wächst eine diffuse Angst, begleitet von Schweißausbrüchen, Herzrasen und Schlaflosigkeit, gegen die kein Beruhigungsmittel und kein Ablenkungsmanöver zu helfen scheinen. Man versucht den Gedankengang zu unterbrechen und beschäftigt sich mit etwas anderem. Doch jedesmal, wenn man gedacht hat, man habe die Angst überwunden und könne deshalb zur Ruhe zurückkehren, sind die finsteren Gedanken wieder da. Man ist dem Chaos der Gefühle hilflos ausgeliefert. Ähnlich ist es auch von Jesus überliefert. Zu Beginn seiner Leidensgeschichte steht die Szene, die das Bild »Am Ölberg« von Sieger Köder zum Thema hat. Hier ringt Jesus mit seinem Schicksal und schwitzt dabei vor Angst Blut und Wasser. Er unterbricht dreimal dieses Ringen und wird anschließend stets neu von einer unbeschreiblichen Angst eingeholt.

In Situationen wie diesen verdichtet sich mit der Zeit der Eindruck, dass diese Angst eine Botschaft hat und dass sich in ihr ein drohendes Unheil prophezeit. Die Gedanken kreisen, und der Verstand bäumt sich mit aller Gewalt gegen diese Ahnung auf. Doch die Gefühle bleiben stärker und manifestieren sich zunehmend in einer bedrängenden Existenznot. Die Angst vor der Überforderung lässt nun vielfach Glaubende und Ungläubige gleichermaßen bei einer höheren Macht um Hilfe flehen, ähnlich wie es von Jesus in der Ölbergerzählung heißt. Seinen Kreuzestod ahnend, spricht er dort: »Mein Gott, lass das (diesen Kelch) an mir vorübergehen« (Mt 26,39). Doch solches Flehen ändert hier wie dort nichts. Die Ahnung verfestigt sich weiter, und das drohende Schicksal scheint immer unausweichlicher. Die anderen Jesusworte am Ölberg klingen jetzt wie die präzise Zusammenfassung des eigenen Empfindens: »Meine Seele ist zu Tode betrübt!« (Mt 26,37). Diese nervenaufreibende Quälerei und das Ringen mit einer solch düsteren Ahnung dauern oft sehr lange. Es braucht seine

Zeit, bis sich der Verstand ergibt und den Widerstand einstellt. Mehr aus Erschöpfung und Resignation als aus Überzeugung entsteht die verzweifelte Bereitschaft, das anzunehmen, was kommen wird: *»Nicht, was ich will, geschehe, sondern das, was geschehen soll«,* oder: *»Es kommt ja doch, wie es kommen muss.«* Man nimmt sich vor, den kommenden Morgen abzuwarten, um dann zu überprüfen, was von dieser Ahnung bleibt. Dann erst soll den Spuren nachgegangen und eine Klärung herbeigeführt werden. Bis dahin bleibt eine eigentümliche Spannung.

Diese Ergebung in das vermeintliche Schicksal und die Bereitschaft, sich ihm zu stellen, reifen aber vielfach nicht in einer Nacht. Oft braucht es einen längeren Zeitraum, bis es unmöglich ist, die Ahnung zu unterdrücken, und der Widerstand aufgegeben wird. Es vergehen nicht selten zahlreiche düstere Nächte, bis manche die innere Stimme hören wollen und ernst nehmen. Es fällt vielen grundsätzlich schwer, dem Bedeutung beizumessen, was sich in Gefühlen artikuliert, um so problematischer wird es dann, wenn die innere Stimme ohne zunächst erkennbaren Grund eine angstmachende Prophezeiung ausgibt.

Sieger Köders Bild vom betenden und flehenden Jesus im Garten Getsemani zeigt einen solchen Moment, in dem sich eine dunkle Ahnung von Leid und Tod artikuliert und qualvoll wird. Was sich in diesen Augenblicken abspielt, das Durcheinander der Gedanken und die innere Unruhe, lässt sich von Betroffenen kaum in Worte fassen. Dieses Bild jedoch ermöglicht es, ein wenig von dem zu ahnen, was es heißen muss, solche Stunden zu durchleiden. Es macht sensibel und wachsam für diese Augenblicke.

Das ist auch deshalb so bedeutsam, weil es viele, die solche bedrängenden Ahnungen hinter sich haben und noch ganz unter dem Eindruck dieser belastenden Erfahrung stehen, zu ihren Familienangehörigen und Freunden drängt, um dort Hilfe und Verständnis zu finden. Sie erhoffen sich, dass vielleicht ein Unbeteiligter einen Rat weiß, und vertrauen darauf, dass die Nähe zu einem vertrauten Menschen die Angst mindert. Unter Umständen wird sich sogar jemand finden lassen, der die Einsamkeit und Angst der nächsten »Nacht« zu teilen bereit ist. Doch sehr häufig wird solchen Erwartungen mit Unverständnis und Ablehnung begegnet. Man hört Vertröstungen: *»Du bist überarbeitet«,* oberflächliche Begründungs- und Deutungsversuche: *»Du hast schlecht geschlafen«,* oder die Ahnungen werden für die Folgen eines Alptraums gehalten: *»Jeder hat mal einen schlechten Traum!«* Alle diese Reaktionen lassen leicht erkennen, dass man nicht ernst genommen wird. Die Hoffnung, dass gerade jetzt nahestehende und geliebte Menschen helfen werden, wird enttäuscht. Das schmerzt und verstärkt die Gefühle von Einsamkeit und Angst. Auch diese Erfahrung ist im Bild festgehalten, denn die Freunde Jesu liegen schlafend im Garten, obwohl Jesus sie mehrfach darum gebeten hatte: »Bleibet hier und wachet mit mir!« (Mt 26,38). Es tut unendlich weh, wenn Freunde den Ernst der Situation nicht erfassen, die artikulierte Sorge für eine Einbildung der Phantasie halten und sich selbst am nächsten sind.

Der Hinweis auf solche Momente düsterer Ahnung und das Bild Sieger Köders sind eine Anfrage an den Umgang des Menschen mit seinen Gefühlen. Gefühle sind die Sprache der Seele und sollten deshalb Beachtung finden. Schließlich führt nicht selten ihr Überhören und Verdrängen zu schlechteren Ausgangsbedingungen im Kampf gegen eine Krankheit oder ein nahendes Unheil. Viele Sterbende, die ihren Befürchtungen erst sehr spät nachgegangen sind, müssen später von ihren Ärzten erfahren, dass ihre Heilungschancen weit besser gewesen wären, wären sie früher gekommen. In diesem Kontext stellt sich aber auch die Frage nach der menschlichen Bereitschaft, dem anderen zuzuhören, seinen Gefühlen Beachtung zu schenken und seine Not ernst zu nehmen. Wenn es auch oft schwer fällt, die Ängste und Sorgen eines anderen nachzuvollziehen, so kann doch ein Zuhören mit mehr Zeit und Geduld Verstehen möglich machen. Zumindest aber kann die Bereitschaft, Nähe zu schenken und da zu sein, etwas Ruhe und Gelassenheit vermitteln.

Das Bild »Am Ölberg« zeigt, was offensichtlich viele Betroffene zu Beginn ihres Leidensweges durchmachen müssen, ehe sie zum erstenmal ihren Arzt aufsuchen und dort dann die Bestätigung für ihre Befürchtungen erhalten. Hier beginnt also oft schon die leidvolle Geschichte des Sterbens. Es werden Ängste und Erfahrungen grundgelegt, die den ganzen weiteren Weg verfolgen und prägen können. Wo Begleitung ganzheitlich sein möchte, sollte sie deshalb nach solchen Ahnungen und Phantasien fragen. Oft ist nur so Verstehen möglich und zu erfassen, warum ein Betroffener bestimmte Ängste und Befürchtungen mit seiner Situation verbindet. Denn wenn ein Sterbender die Erfahrung machen musste, dass sich ein wesentliches Detail seiner Vorahnung bewahrheitet hat, dann liegt für ihn die Vermutung nahe, dass auch andere Angst machende Visionen und Phantasien seiner Ahnungen in Erfüllung gehen können. Das kann blockieren und macht verständlich, weshalb viele Betroffene so große Angst vor der Nacht, der Einsamkeit und vor ihrer Zukunft haben.

Die Beobachtung, dass es im Leben oft so etwas wie Momente düsterer

Ahnungen gibt, in denen der Mensch von seiner Gefühlswelt und seinem Unterbewusstsein erschüttert und vor nahenden Realitäten gewarnt wird und die zu beachten bedeutsam und lebensrettend sein kann, sollte zu einem offenen und wachen Umgang mit menschlichen Gefühlen ermutigen.

Der Text »Über den Umgang mit Gefühlen« von Jörg Zink kann dabei hilfreich sein:

> Ein Gefühl ist wie ein Kind,
> das in uns lebt und weint und lacht,
> Hunger hat und bemerkt sein will.
> Wer zu seinem Gefühl zu oft sagt:
> »Sei still,
> ich habe jetzt keine Zeit für dich«,
> dessen inneres Kind sitzt eines Tages
> in einer vergessenen Ecke und trauert,
> wird krank und verkümmert.
>
> Mit Gefühlen soll man umgehen,
> wie man mit einem Kind umgeht:
> Man sieht ihm freundlich zu und aufmerksam,
> man hört, was es klagt,
> man leidet mit ihm, wenn es leidet.
> Denn Gefühle sind die lebendigsten Kräfte in uns,
> und keine andere Kraft in uns
> bringt so Lebendiges hervor.
>
> Ein Kind hat auch Wünsche,
> die nicht zu erfüllen sind:
> berechtigte, gute und schöne.
> Dann nehmen wir es in den Arm
> und sind mit ihm traurig.
> Aber wir schicken es nicht weg.
> Ein Kind kann verstehen,
> dass es nicht alles haben kann.
> Aber lieben muss man es,
> ihm Mut geben und Fröhlichkeit
> und Raum, seine Kräfte zu regen.

Die Stunde des Urteils

Im Sieger Köder Bild »Verurteilung« ist dargestellt, wie der Statthalter Pilatus und der Hohepriester Kajaphas über den gebundenen und gedemütigten Christus das Todesurteil sprechen. Der Statthalter spricht sein Urteil als Repräsentant der Besatzungsmacht und aufgrund römischen Rechts, der Hohepriester urteilt als moralische Instanz unter Hinweis auf die jüdische Gerechtigkeitsvorstellung. Beide, Pilatus und Kajaphas, erfüllen anscheinend lediglich nur ihre Pflicht und fühlen sich deshalb am Blut und am Tod Jesu unschuldig (vgl. Mt 26,57ff; 27,24).

Es gibt viele Lebenssituationen, die mit dieser biblischen Szene vergleichbar sind. Auch wenn es dabei nicht immer um Leben und Tod geht, so stehen Menschen doch immer wieder wehrlos vor denen, die auf der Basis vermeintlicher Fakten ein Urteil über sie sprechen. Es geschieht dem Arbeitnehmer, wenn ihm sein Arbeitgeber und der Betriebsrat unter dem Ausdruck größten Bedauerns mitteilen, dass sein Arbeitsplatz einer Rationalisierungsmaßnahme zum Opfer fällt. *»Wir können nicht anders«*, heißt es dann. Es geschieht, wenn der Patient von seinen Fachärzten darüber aufgeklärt wird, dass seine schwere Erkrankung vermutlich die Ursache seines Todes sein wird. Dann fallen Worte wie*: »Es tut uns leid. Wir müssen Ihnen mitteilen: Sie haben Krebs.«* Oder *»Wir haben alles getan, was in unserer Macht steht, aber wir wissen uns keinen Rat mehr. Es liegt nun nicht mehr in unseren Händen.«*

Es ist sicher nicht leicht, ein so folgenschweres und lebensgefährliches Urteil sprechen zu müssen. Gerade wenn man einen helfenden Beruf ausübt, fällt es oft besonders schwer, dem Betroffenen und sich selbst eingestehen zu müssen, dass es keine wirkliche Hilfe und keine Therapiemöglichkeiten mehr gibt. Man kann deshalb nachvollziehen, warum sich Ärzte beim Mitteilen der Diagnose unsicher an ihren Krankenunterlagen und Röntgenbildern festhalten und sich in Fachterminologien flüchten. Diese Methode entlastet, denn die medizinische Sprache vermittelt sehr eindringlich, dass die vernichtende Diagnose nicht auf persönliches Versagen oder mangelndes Können, sondern auf wissenschaftliche Fakten zurückzuführen ist. Die sachgerechte und distanzierte Mitteilung hilft überdies, die eigene Betroffenheit gering zu halten. Oft scheinen Ärzte so dem inneren Druck entgehen zu wollen, der sich dann ergibt, wenn der sonst über Gesundheit und Körper Mächtige seine Ohnmacht erkennt.

Diese Unsicherheit vieler Ärzte ist verständlich. Und dennoch ist der eigentlich Betroffene in der Stunde des »medizinischen Urteils« nicht der Arzt, sondern der Patient; auf ihn gilt es primär Rücksicht zu nehmen. Denn er steht wirklich ausgesetzt und wehrlos da. Er ist von der eigenen Ohnmacht gelähmt und der Macht und dem Wissen der anderen schutzlos ausgeliefert. Der Patient, der die Diagnose erfährt, hat zuvor oft schon einen langen Weg kraftraubender Untersuchungen und als demütigend empfundener Behandlungen hinter sich. Seine Ahnungen und Ängste sind im Verlauf der Zeit gewachsen und haben an den Kräften gezehrt, die er eigentlich für diese Situation und den noch folgenden Weg dringend benötigen würde. Das Urteil, das jetzt gesprochen wird, bedroht die Existenz. Blitzschnell ist klar, wohin die Diagnose führen kann und vermutlich wird. Der so Verurteilte steht am Anfang seines persönlichen Kreuzweges. Er ist von nun an ein Totgeweihter! Was muss einen Menschen in diesem Augenblick durchfahren und erschüttern?!

Die Erinnerung an diesen schrecklichen Augenblick drängt sich Sterbenden immer wieder auf. Die einen beschreiben, dass ihnen nach der ärztlichen Aufklärung tausend Gedanken gleichzeitig durch den Kopf geschossen seien, ohne dass ihnen Zeit und Kraft geblieben wäre, nur einen Gedanken zu Ende zu denken. Sie verließen schockiert und ohne jede Nachfrage das Arztzimmer. Andere berichten von einem überwältigenden Gefühl der Ohnmacht und des Ausgeliefertseins, das sie regelrecht in die Knie gezwungen habe. Weil alles auf einmal über ihnen zusammenbrach, kamen Panik und Schwindel in ihnen auf. Wieder andere erinnern sich, wie sie eine lähmende Angst in Sekundenschnelle zur völligen Ignorierung des Gehörten trieb: *»Das kann nicht wahr sein, der muss sich geirrt haben!«*

Die Reaktionen der Betroffenen auf ihre Diagnose sind vielfältig und individuell. Auch wenn die gegebenen Beschreibungen ein wenig Aufschluss bieten, es bleibt für Außenstehende und Unbetroffene wohl nicht nachempfindbar, was in diesen Augenblicken in einem Menschen vorgeht. Dennoch scheint es notwendig, gerade vor einer medizinischen Aufklärung, dass man sich ernsthaft darum bemüht, die bevorstehende Situation aus dem Blickwinkel des Patienten zu sehen. Das betrifft gerade den Arzt, der diese Aufgabe übernimmt. Denn so wenig sich auch am Urteil ändern lässt, so bedeutsam ist es doch, wann und wie eine solche Mitteilung gemacht wird. Wenn im ärztlichen Gespräch auf die Empfindungen und Bedürfnisse des Betroffenen eingegangen wird, kann das diesen schweren Augenblick erleichtern. Sachliche Anonymität und menschliche Kühle jedoch, die manche erfahren müssen, bedeuten zusätzliches Leid. Sie bewir-

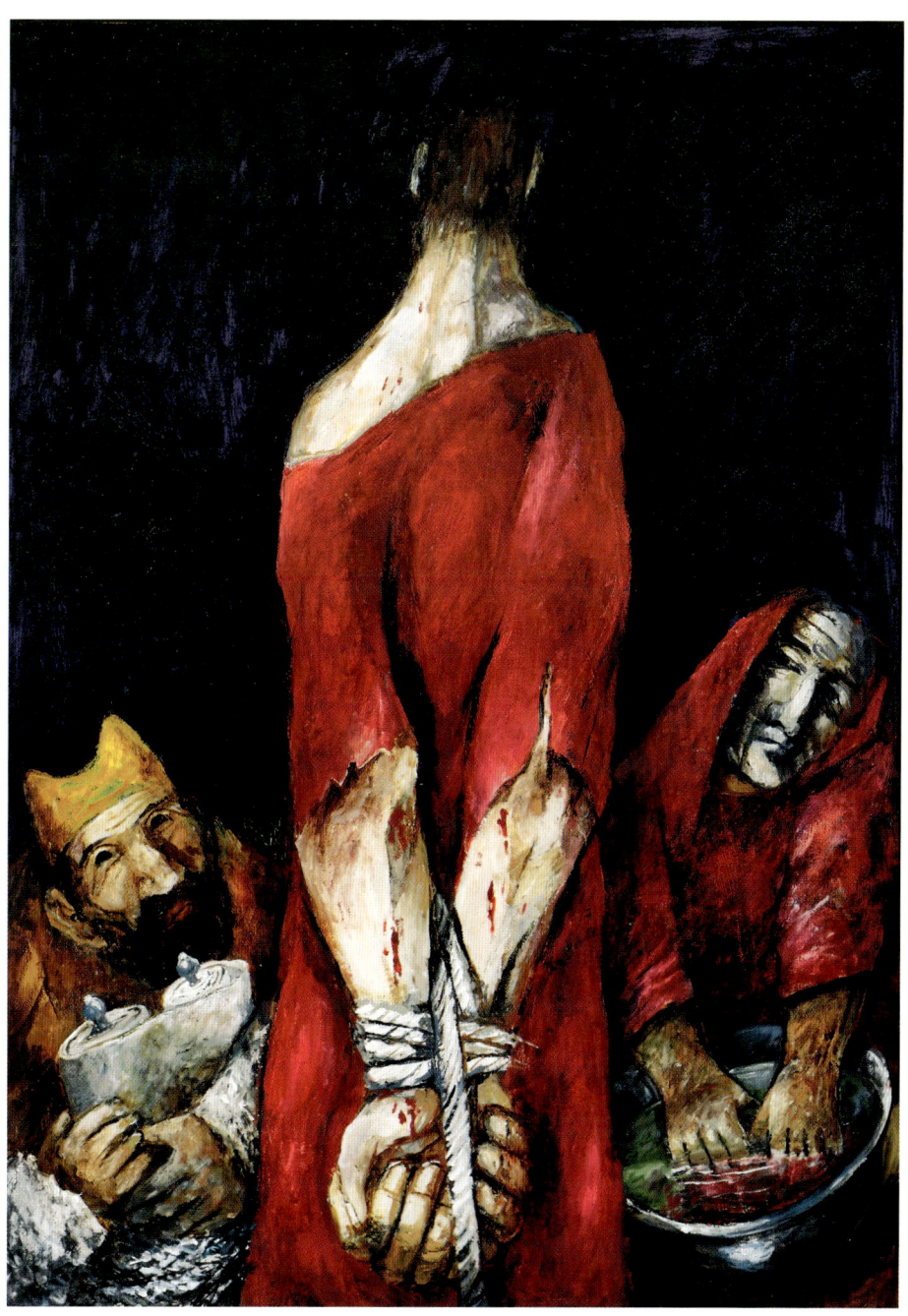

»Verurteilung«

ken, dass in den Betroffenen Misstrauen und Wut ausgerechnet denen gegenüber wächst, auf die sie zukünftig besonders angewiesen sein werden.

Wie viel Taktlosigkeit und Brutalität in solchen Augenblicken möglich sind, kann nur sprachlos machen. Wenn auch die meisten Ärzte am Befund keine Schuld haben und diesbezüglich mit Recht ihre Hände in Unschuld waschen, so machen sich doch manche durch die Art, wie sie ihre Diagnosen mitteilen, an ihren Patienten schuldig! Es wäre gut, wüsste mancher Mediziner, wie traumatisch es nachwirken kann, wenn er bei der ärztlichen Aufklärung dem Patienten nicht mit dem Hauch von menschlicher Nähe und ehrlicher Betroffenheit entgegen kommt. Viele Sterbende können es nicht vergessen, wie herzlos und kalt man ihnen die Diagnose ins Gesicht gesagt und sie anschließend damit alleine gelassen hat. Dem gegenüber steht die Erfahrung, dass es Patienten auf ihrem Weg eine Hilfe ist, wenn sich der behandelnde Arzt bei der Darlegung und Begründung der Diagnose Zeit gelassen hat. Das Mitgefühl mancher Ärzte, das sich nicht an der Uhr und den Abrechnungstarifen orientiert hat, und ihre Bereitschaft zur praktischen Hilfe und Unterstützung, wann immer es nötig sein würde, tat vielen Betroffenen gut und machte ihnen Mut. Diese menschliche Seite konnte ihr Vertrauen in die Medizin stärken, auf die sie zukünftig besonders angewiesen waren.

Das Bild Sieger Köders »Verurteilung« stellt den Betrachter in den Rücken des verurteilten Christus. Auf diese Weise wird eindringlich vermittelt, dass es in vergleichbaren Situationen primär auf den Verurteilten Rücksicht zu nehmen und einzugehen gilt. Mit Hilfe dieses Bildes realisiert man leicht, dass es den Augenblick des Urteils erträglicher machen würde, wenn der Urteilende dabei von sich selbst abstrahiert und sich an die Seite des Betroffenen stellt, statt in sicherer Entfernung zu bleiben. Wer von festen Verhaltensmustern abzuweichen und sich auf die individuelle Situation des anderen einzulassen bereit ist, wird mit großer Wahrscheinlichkeit das herausfinden, was dem anderen gut tut und was für ihn richtig ist. Wer hier Nähe zulässt, wird menschliche Not und Einsamkeit lindern helfen.

Vor diesem Hintergrund lässt sich darstellen, dass die Frage, ob man einem Kranken seine Diagnose immer im vollen Umfang mitteilen muss, nicht allgemein und nicht primär aus der Sichtweise des Arztes oder der Angehörigen richtig beantwortet werden kann. Auch hier gilt, dass die richtige Entscheidung nur aus der Perspektive des Kranken und im Respekt vor seinem Willen getroffen wird. Und auch für die vollständige Mitteilung einer Diagnose sollte gelten, dass sie ein Angebot ist, das anzunehmen oder auszuschlagen dem Patienten freistehen muss. Es kann seine guten Gründe haben, wenn ein Patient nicht nach seiner Diagnose oder nach der Ernsthaftigkeit seiner Erkrankung fragt. Manche spüren, dass sie der Wahrheit nicht gewachsen sind.

Mein Vater hat bis zu seinem Tod nicht nach der Diagnose seiner schweren Krankheit gefragt, obwohl er vielfach dazu die Gelegenheit gehabt hätte. Auch der schnelle und sichtbare Verlauf der Erkrankung hätte zu Nachfragen reichlich Anlass geboten. Die Familie war sich mit der Hausärztin und dem später im Hospital behandelnden Chefarzt darin einig, die Entscheidung eines erwachsenen Menschen zu respektieren. Als mein Vater die letzten Wochen vor seinem Tod im Krankenhaus lag, wurde er von einem jungen Assistenzarzt zum erstenmal mit der Diagnose und dem nahen Tod konfrontiert. »Ich habe Ihren Vater jetzt darüber aufgeklärt, dass er nur noch wenige Tage zu leben hat«, sagte mir der Arzt nach der kurzen Visite, für die ich das Krankenzimmer hatte verlassen müssen. Als ich anschließend an das Bett meines Vaters trat, war er bereits in ein Delirium gefallen. Er ist daraus nicht mehr aufgewacht und drei Tage später gestorben.

Dies Beispiel mag die Vermutung bestätigen, dass manche Menschen sehr genau wissen, warum sie nicht nach der Wahrheit fragen und dass sie sich dabei selbst äußerst realistisch einschätzen.

Die Inblicknahme der Perspektive des Patienten sollte Ärzte und Pflegepersonal auch zu einem noch sorgsameren Umgang mit medizinischen Ergebnissen veranlassen. Oft werden Betroffene durch die endlose Aufzählung aller Eventualitäten des Krankheitsverlaufs in unnötige Aufregung versetzt. Häufig geschieht es, dass durch vermeidbare Fehldiagnosen falsche Hoffnungen geweckt oder unnötige Ängste geschürt werden. Diese Hölle sollte man jedem ersparen. Leider aber müssen sie viele erleiden.

»Umfasst den Balken«

Das Leid wird angepackt

Leid und Tod dulden es nicht, dass man sie verdrängt oder ignoriert. Sie melden sich zumeist so vehement und eindringlich, dass sie unmöglich überhört werden können. Besonders bestimmte Krankheitsverläufe und Therapien zwingen Betroffene immer wieder neu dazu, sich dem eigenen Leid zu stellen und mit dem Tod zu rechnen. Sie machen schonungslos darauf aufmerksam, dass es vor ihnen kein Entrinnen gibt. Den Betroffenen wird so bewusst, dass alle innere Weigerung nichts daran ändern wird, dass man das Kreuz auf sich nehmen und tragen muss. Sie erkennen sehr bald, dass die Flucht vor der Realität ihr Leid nur größer macht. So reift der Entschluss, das eigene Kreuz entschieden anzufassen. Damit geht die Hoffnung einher, dass das Leid in dem Maß leichter zu tragen sein wird, wie man mit ihm umzugehen versteht. Das Kreuz soll in den Alltag integriert werden, damit möglichst viel Lebensqualität erhalten bleibt oder zurückgewonnen werden kann. Zu diesem Zweck sucht der Betroffene, wie auf dem Bild Sieger Köders »Umfasst den Balken« dargestellt, nach dem richtigen Packan, nach der Methode, mit der sich sein Kreuz am leichtesten tragen lässt.

Die Frage danach, wie man ein Kreuz am besten anfasst und trägt, wird sich nicht allgemein beantworten lassen. Weil jeder Mensch anders geformte Hände besitzt und weil jedes Kreuz andersartig ist, muss jeder seine individuelle Weise finden, wie er am angemessensten sein Kreuz umgreift und zum Ziel bringt. So wird auch jeder von Leid und Tod Betroffene einen persönlichen Umgang mit seinem Schicksal suchen, finden und einüben müssen. Das fordert Zeit und Geduld, die sich jeder für sich und seinen Weg nehmen muss.

Dabei kann es wertvolle Ratschläge und hilfreiche Hinweise geben, denn gerade im Umgang mit körperlichen Symptomen und seelischen Zuständen gibt es bei aller Unterschiedlichkeit auch feste Erfahrungswerte, die für die Betroffenen nützlich sein können. Wie andere in vergleichbaren Situationen mit ihrem Leid, mit ihrer Krankheit, mit der Erwartung des Todes umgegangen sind, das bietet Anregungen und hilft aus dem Gefühl der Ratlosigkeit und Überforderung. Gleichwohl muss bei solchen Angeboten ausreichend die individuelle Situation und Persönlichkeit des Einzelnen berücksichtigt werden. Simple Übertragungen und Vereinnahmungen helfen nicht weiter. Sie bedrängen zusätzlich und erschweren die

Situation. Ratschläge und Hilfestellungen müssen Angebote bleiben und ausreichend Raum und Freiheit lassen, dass der Betroffene seinen eigenen Weg finden kann. Das gilt auch dann, wenn ein Außenstehender glaubt, dass es einen schnelleren und bequemeren Weg gibt. So sehr man sich auch aufgrund eigener Erfahrungen als »Experte« im Tragen von Leiderfahrungen ansehen mag, so sehr muss man sich dennoch bewusst sein oder machen, dass das, was dem einen hilft, noch lange keine Hilfe für einen anderen sein muss. Das gilt selbst für einen erfahrenen Sterbebegleiter, denn kein noch so großes Maß an Erfahrung macht einen Menschen zum Fachmann für das Sterben!

Dennoch werden Betroffene in ihrer Auseinandersetzung mit Leid und Tod immer wieder von selbsternannten Helfern bedrängt. Sie müssen sich ungefragt Empfehlungen geben lassen und Ratschläge anhören, die ihnen mit Eindringlichkeit und ohne jede Zurückhaltung vorgetragen werden. Eine solche Wortflut und ein solches Überangebot an »Hausmittelchen« ist nur schwer zu ertragen, und es stiftet in der Regel nur noch größere Verunsicherung, nicht zuletzt deshalb, weil sich die vielen Ratschläge nicht selten widersprechen. Manche Betroffene lassen solche aufgeregte Fürsorge mit stoischer Ruhe über sich ergehen, weil sie hinter all dem gute Absichten erkennen. Andere aber reagieren aggressiv und begegnen ihren Angehörigen zu deren Entsetzen mit Ablehnung und Wut. Manche klagen erst gar nicht mehr über die Symptome ihrer Krankheit, weil sie ein solches Bombardement guter Ratschläge befürchten. Sie schweigen und leiden still, was sie noch einsamer macht.

Das folgende Beispiel steht in diesem Kontext:

Eine Gruppe von Angehörigen stand um das Bett eines Krebspatienten. Im Gesprächsverlauf kam unter ihnen die Frage auf, wie der sichtlich durch die Krankheit Geschwächte am besten wieder zu Kräften käme. Obwohl es aus medizinischer Sicht keinen sinnvollen Ratschlag geben konnte, weil sich der Patient bereits dem Finalstadium seiner Krankheit näherte, redeten alle Anwesenden wild und durcheinander auf den Sterbenskranken ein. Jeder hatte einen besseren Ratschlag und eine noch klügere Idee. Immer wieder fielen Worte wie: »Du musst unbedingt…« oder »Du solltest mal versuchen…«. Keiner schien dabei zur Kenntnis nehmen zu wollen, dass der Betroffene die ganze Zeit schwieg. Irgendwann richtete sich der Patient in seinem Bett auf und sagte laut und vernehmlich: »Damit ihr es endlich begreift: Ich muss nur eines: sterben; und wer von euch könnte mir wohl wirklich sagen, wie man das macht!« Im gleichen Augenblick war es totenstill im Patientenzimmer. Was zurückblieb, waren Verärgerung und Unverständnis auf beiden Seiten. Dem Patienten stand förmlich auf der Stirn geschrieben: »Warum lasst ihr mich nicht einfach in Frieden«, und die Angehörigen hörte man beim Verlassen des Zimmers verständnislos sagen: *»Dass er so krank ist, gibt ihm noch lange nicht das Recht, so mit uns umzugehen? Wir meinen es schließlich ja nur gut!«*

Man sollte also, wenn man einen leidenden Menschen begleitet oder ihm auch nur kurz auf seinem Weg begegnet, im Blick behalten, welche Wirkung es haben kann, wenn man Ratschläge erteilt, nach denen nicht gefragt worden ist, und als Außenstehender einem Betroffenen Anweisungen gibt. Sind die eigenen Rezepturen wirklich angemessen und so wertvoll, dass man sie ausgeben muss? Sind die Parallelen zulässig, die man zwischen den eigenen Erfahrungen und der Situation eines gerade Betroffenen herstellt? Sind die eigenen Lebenssituationen, die man als Vergleich wählt, wirklich vergleichbar und ähnlich ernsthaft, oder muss der Betroffene diesen Vergleich als geschmacklos und verletzend empfinden?

Man sollte in jedem Fall vermeiden, dass ein Leidender zum Opfer der guten Absichten oder der Profilierungsversuche seiner Mitmenschen wird. Das fordert den umsichtigen Umgang mit den eigenen Worten und Gesten, aber auch die Bereitschaft, einen Betroffenen vor der Vereinnahmung anderer zu schützen, insbesondere dann, wenn ihm selbst dazu die Kräfte fehlen. Schließlich kostet es ihn unnötige Energien, tausend gut gemeinte Ideen abzuwägen oder zurückzuweisen.

Unabhängig davon, dass viele Betroffene manche Ideen und Anregungen ihrer Umgebung dankbar aufgreifen und als hilfreich erleben, lässt sich oft die Erfahrung machen, dass sie einen sehr persönlichen Weg und ihre eigene Methode finden. Man kann verwundert darüber sein, wie schnell es manchen Menschen gelingt, sich auf völlig veränderte Lebensbedingungen einzustellen und variantenreich und phantasievoll auf sie zu reagieren. Nicht selten finden Menschen in nur wenigen Tagen einen Umgang mit ihrem Leid und ihrer Krankheit und erwecken bald den Anschein, als könnten sie mit ihrem Kreuz zurechtkommen und leben.

Was allerdings die Betroffenen und die Begleitenden gleichermaßen vielfach dabei bedrückt, ist das Wissen darum, dass die Situation nicht so bleiben wird. Ist zunächst ein guter Packan gefunden, durch den sich das Kreuz tragen lässt, so ist es oft absehbar und nur eine Frage von Tagen oder Wochen, dass sich das Gewicht des Kreuzes weiter erhöhen wird, aber die körperlichen Kräfte abnehmen. In die Augenblicke, in denen das Leid entschlossen angenommen wird und tragbar erscheint, mischt sich so bereits die Ahnung neuer Haken und Gewichte, welche die Zukunft bringen wird. Man entscheidet sich deshalb dazu, nicht weiter über das zu

Erwartende nachzudenken oder zu sprechen, sondern es einfach auf sich zukommen lassen. Es macht vermutlich auch wenig Sinn, sich die Gedanken unnötig mit etwas zu erschweren, was sich nicht wirklich abschätzen und sicher prognostizieren lässt.

Ein Patient hatte sich einige Wochen nach Erhalt der Krebsdiagnose und der Konfrontation mit den ersten Symptomen seiner Erkrankung einigermaßen wieder gefasst. Bei einer Visite wollte ihn sein Arzt jetzt mit den Worten: »Sie müssen übrigens damit rechnen«, über die weiteren Eventualitäten seines Krankheitsverlaufes aufklären. Er unterbrach den Arzt jedoch dabei und sagte: »Herr Doktor, heute mach' ich es so, wie ich es kann, und wenn es morgen anders ist, dann sprechen wir dann darüber, einverstanden?!«

Dies Beispiel verdeutlicht, wie wichtig dem Sterbenden und Leidenden das Leben im Augenblick sein kann, gerade dann, wenn es ihm einmal den Umständen entsprechend gut geht. Solche Augenblicke sind kostbar und vermutlich selten, deshalb ist es unnötig, dann den Blick des Betroffenen in die unsichere Zukunft zu zwingen.

Das Leid wird sichtbar

Es ist oft so, dass sich menschliches Leid vor anderen kaum verbergen lässt. Die Betroffenen sind so sichtbar von ihrer Krankheit und ihrer Sorge gezeichnet, dass man es nicht übersehen kann. Die Mühen des Weges haben deutliche Spuren hinterlassen und die persönliche Ausstrahlung verändert. Wer unter einer schweren Krankheit leidet und stets neu erlebt, wie seine Kräfte weiter nachlassen, wer alle Mühe und Konzentration aufwenden muss, um seine Schmerzen ertragen und die Folgen seiner sich verschlechternden Situation hinnehmen zu können, dem ist dieser Kampf mit der Zeit an der Körperhaltung, an den Augen und dem Klang der Stimme anzumerken. Was sich vielleicht eine Weile kaschieren und dem Blick anderer entziehen ließ, tritt irgendwann offen zu Tage.

Von diesem Augenblick an wird es, unabhängig wie kontaktfreudig man bisher war, vielen zum zusätzlichen Problem und Leid, anderen Menschen zu begegnen, denn nur die wenigsten wissen mit einer solchen Begegnung umzugehen. Die meisten, die einem sichtbar Leidenden und Gezeichneten gegenübertreten, sind von diesem Anblick schockiert, überfordert und verunsichert. Ob sie nun hinsehen und ihnen der Schrecken in den Augen geschrieben steht, ob sie zu Boden schauen, um dem Blick auszuweichen, oder aber ob sie das bedrängende Schweigen einer solchen Begegnung mit vielen Worten zu übertönen versuchen, in jedem Fall spüren die Betroffenen, dass das Reaktionen auf ihr sichtbar gewordenes Leid sind. Das muss sie schmerzen! Viele von ihnen weichen sehr bewusst jedem Spiegel aus, um die leidbedingten Veränderungen in ihren Gesichtszügen und das Fortschreiten ihrer Krankheit nicht sehen zu müssen. Jetzt werden die Augen und die Reaktionen ihrer Mitmenschen zu einem Spiegel, der sie ungewollt und bedrängend mit ihrem Leid konfrontiert und überdies vermittelt, dass das eigene Leid anderen Menschen Leid bereitet und unangenehm ist. Ähnliches ist im Sieger Köder-Bild »Weinen und Wehklagen« dargestellt. Hier begegnet Jesus den weinenden Frauen von Jerusalem. In ihren Gesichtern und in ihrem Mitempfinden spiegelt sich sein eigenes Leid. Diese Erfahrung ist schmerzlich und für viele Betroffene unerträglich. Sie ziehen sich deshalb aus ihrem Umfeld zurück und fliehen in die Einsamkeit. Sie verlassen ihre Häuser und Wohnungen nicht mehr und isolieren sich. Diesen Weg in die Zurückgezogenheit gehen sie jedoch nicht aus Neigung, sie gehen ihn zum Selbstschutz, um das Maß des Ertragbaren erträglich zu halten.

Ein solcher Rückzug Leidender und Sterbender aus dem Leben bereitet ihren Mitmenschen oft große Schwierigkeiten. Er wird vielfach als ein bewusstes Signal der Antipathie oder der Ablehnung verstanden, obwohl er es vermutlich nur in den seltensten Fällen ist. Dieses häufige Missverständnis führt dazu, dass viele Betroffene nach ihrer Flucht in die Einsamkeit allein bleiben und vergeblich auf die warten, denen sie sich verbunden fühlen. So kommt es dazu, dass Menschen in unfreiwilliger Einsamkeit sterben. Um das zu vermeiden, sollte man auf die Betroffenen zugehen und die Gründe für ihr Verhalten zu klären versuchen. So lässt sich auch verhindern, dass sich Angehörige später Vorwürfe machen, weil ein einmal gegebenes Signal der Zurückweisung von ihnen falsch verstanden wurde. *»Ich habe gedacht, er wollte mich nicht mehr sehen. Hätte er sich nur kurz gemeldet, dann wäre ich sofort da gewesen!«* Wie oft hört man nach dem Tod solche und ähnliche Versicherungen aus dem Kreis von Freunden und Bekannten. Freilich sind diese Worte nicht immer ehrlich, aber dort, wo sie ehrlich gemeint sind, hätte eine rechtzeitige Sensibilisierung für die wechselhafte Situation eines Schwerstkranken diese falsche Zurückhaltung und vermeidbare Unsicherheit nehmen können.

Man sollte wissen, dass gerade im Verlauf einer schweren Erkrankung die Stimmungen des Patienten häufig schwanken. An dem einen Tag wehrt er Besuch ab, und am nächsten wünscht er ihn herbei. Eine Abwehr von Kontakten und Nähe muss also nicht grundsätzlich gemeint sein. Oft lohnen sich ein neuer Versuch oder eine erneute Nachfrage. Und nicht selten wird die Erwartung geäußert, dass der Patient selbst die Initiative ergreifen, gezielt nach Zuwendung fragen und seine Wünsche äußern soll. Das berücksichtigt allerdings nicht ausreichend, dass viele Patienten in Folge ihrer Erkrankung unter Antriebsschwäche leiden und nicht mehr die Kraft für eigene Initiativen aufbringen können. Häufig hindern sie auch ihr Stolz oder ihre Enttäuschung über den Mangel an Initiative der anderen daran, sich bei bestimmten Menschen zu melden und um Aufmerksamkeit zu bitten. Es ist gut nachvollziehbar, dass es schwer fallen muss, wenn man in so offensichtlicher Not um Selbstverständlichkeiten und Zuwendung bitten soll. Wo man die beschriebenen Gefühle und die innere Notlage der Betroffenen wirklich berücksichtigt und beherzigt, dürfte es leichter fallen, einen Schritt auf einen Sterbenden oder Leidenden zuzugehen und die Bereitschaft auch für einen weiteren Versuch aufzubringen.

Wenn sich ein Kranker zurückzieht, verlangt das vom Umfeld, sensibel nach den Gründen für solches Verhalten zu fragen. Es ist zu klären, wer

»Weinen und Wehklagen«

und ob überhaupt jemand dem Betroffenen in die Einsamkeit folgen darf. Diese Sondierung der Hintergründe für den Rückzug aus dem normalen Leben kann für manche Angehörigen und Freunde, für Hospizhelfer und Seelsorger schmerzlich hervorbringen, dass der Betroffene den Schritt in die Einsamkeit sehr bewusst gewählt und gewollt hat. Selbst dann aber muss dies noch kein Ausdruck verminderter Sympathie sein. Lässt ein Sterbender den einen in seine Nähe und hält er den anderen lieber auf Distanz, so kann das diverse Gründe haben. Oft kommen Betroffene zu ihrer Entscheidung, weil sie davon überzeugt sind, dass in ihrer Lage eine bestimmte Person aufgrund ihrer Erfahrungen und Fähigkeiten besonders gut helfen und Verständnis aufbringen kann, ohne damit andere abqualifizieren zu wollen. Manchmal fällt die Wahl auf bestimmte Menschen, nur um andere damit bewusst zu schonen. Nicht selten werden die Anzahl der Kontakte und der Kreis der Ansprechpartner auch deshalb reduziert, weil der Kranke mit seinen Kräften haushalten und sich deshalb auf Weniges konzentrieren muss. Welche Gründe auch immer der Betroffene für seine Entscheidung haben mag, sie verlangt Respekt. Gleichwohl sollte immer im Blick bleiben, dass sich eine solche Entscheidung verändern und entwickeln kann. Es ist deshalb ratsam, immer wieder neu dezente Angebote von Nähe und Wegbegleitung zu machen. Wo diese aber dauerhaft von dem Betroffenen abgelehnt werden, bleibt zumindest die Möglichkeit, den Weg derer tatkräftig zu unterstützen, die den Weg unmittelbar begleiten. Der gläubige Mensch kann überdies durch sein Gebet Wegbegleitung leisten.

Immer wieder versuchen Angehörige und Weggefährten die Sterbenden mit wortreichen Überredungsversuchen und ausgefallenen Programmangeboten aus ihrer scheinbaren Isolation zu locken und in das gewohnte Leben zurückzuführen. Sie gehen dabei stark von sich selber aus. Sie erleben die Einsamkeit des Sterbenden als bedrängend, weil sie Ähnliches selbst nur schwer ertragen könnten; deshalb wollen sie die Situation verändern und beenden. So ehrenwert und verständlich diese Motivation auch ist, so wird sie doch vielfach den Empfindungen und der inneren Not der Betroffenen nicht gerecht. Oft wissen Patienten sehr genau, warum sie sich bestimmte Dinge nicht mehr zumuten. Sie suchen bewusst die Stille und eine Möglichkeit, alleine zu sein. Das heißt nicht, dass man einen Sterbenden nicht dazu anregen darf, die einmal gesteckten Grenzen wieder zu überwinden und aus seiner Zurückgezogenheit herauszutreten. Doch auch hier ist entscheidend, dass Angebote immer Angebote bleiben, die der Betroffene frei bejahen oder aber auch ohne nachteilige Konsequenzen zurückweisen kann. Viele Angebote jedoch sind mit unmittelbarem Druck oder aber mit einer Form sanfter Nötigung verbunden, die dem anderen für den Fall einer Ablehnung eine große Enttäuschung ankündigt.

Der Rückzug eines Sterbenden aus seinem bisher gewohnten Lebensumfeld lässt es auch deshalb sinnvoll erscheinen, nach den Gründen zu fragen, weil der Schritt in die Zurückgezogenheit oft ein Signal der Überforderung ist. Bei näherer Betrachtung lässt sich meist klären, dass der Alltag zu viele und zu hohe Anforderungen an die Betroffenen stellt und sie deshalb zur Flucht neigen. Durch die Umgestaltung des Tagesablaufs oder die Anpassung der Lebensbedingungen an die sich verändernde körperliche und seelische Belastungsfähigkeit kann das Gefühl der Überforderung vermindert und so ein vollkommener Rückzug wirksam verhindert werden. Es sind oft Kleinigkeiten, wie beispielsweise die zeitliche Organisation von Besuch, das Verhindern von Doppelbeanspruchungen oder die strikte Strukturierung des Tages, die helfen und einen Verbleib im alten Lebensumfeld begünstigen.

»Simon von Cyrene«

Der Wunsch nach Begleitung

Simon von Cyrene wird nach der biblischen Überlieferung des Markusevangeliums (Mk 15,21) von Soldaten dazu gezwungen, dem erschöpften Jesus das Kreuz vorauszutragen. Sieger Köder weicht in seinem Bild »Simon von Cyrene« von dieser Schilderung ab und lässt Simon gemeinsam mit Jesus unter dem Balken des Kreuzes stehen. Seine Hilfe besitzt damit eine viel größere Unmittelbarkeit und Nähe. Simon wird zu einem wirklichen Weggefährten auf dem Kreuzweg. Die Bibel berichtet, dass Simon dem todgeweihten Jesus von dem Augenblick an zur Seite steht, als dieser das Tragen des Kreuzes aus eigenen Kräften nicht mehr leisten kann. Simon trifft diese Aufgabe unvorbereitet – es heißt, er komme von der Feldarbeit, und dennoch wehrt er sie nicht ab. Ob nur gezwungenermaßen oder aber auch aus Mitleid und Mitmenschlichkeit, über die genaue Motivation gibt der Evangelientext keinen Aufschluss: Simon geht den Kreuzweg Jesu mit.

Ähnlich wie Simon von Cyrene erleben es viele Wegbegleiter von Sterbenden. Auch sie sind auf ihre Aufgabe nicht vorbereitet. Ihnen bleibt oft nicht einmal die Zeit, darüber nachzudenken, ob sie Begleiter werden und sein wollen. Ihre Lebenssituation, ihr Verwandtschaftsgrad oder Freundschaftverhältnis macht sie ungefragt dazu. Es hat sicher oft sein Gutes, wenn Menschen von den Zwängen des Augenblicks in eine solche Aufgabe gedrängt werden und nicht lange überlegen können, jedenfalls bestätigen das viele Angehörige später. Wenn sie vorher gewusst hätten, was die Begleitung eines Sterbenden bedeutet und wie viele Kräfte sie verlangt, dann hätten viele nicht den Mut dazu gehabt und sich dem zu verweigern versucht. In der Retrospektive jedoch sind die meisten froh, den Weg zusammen mit dem Sterbenden gegangen zu sein.

Angehörige und Freunde sind am Anfang des Weges oft zögerlich und unsicher. Sie haben Angst davor, sich unter das Kreuz eines Nahestehenden zu stellen. Sie fühlen sich von dieser Aufgabe physisch und emotional überfordert und brauchen deshalb Ermutigung und praktische Hilfe. Die Zusage von Begleitung und Unterstützung macht es ihnen leichter, sich dieser Herausforderung zu stellen. Hier liegt eine wichtige Aufgabe für entferntere Angehörige, Freunde, Nachbarn und Hospizhelfer. Sie sollten die Nächststehenden eines Betroffenen zur Begleitung befähigen, indem sie sie auf ihrem Weg nach Kräften unterstützen, dabei allerdings darauf bedacht bleiben, die nächsten Angehörigen in der Begleitung des Sterbenden nicht zu verdrängen oder auf nachgeordnete Plätze zurückzusetzen.

Damit wird das Anforderungsprofil für eine Begleitung erkennbar, besonders für die, die sich von außen anbietet. Ein Begleiter muss sich in die Umstände einfügen, die er vorfindet. Er sollte zu erkennen versuchen, wo er aufgrund der Situation und der Beziehungskonstellationen notwendig ist. Er darf seinen möglichen Erfahrungsvorsprung oder sein Mehr an Energie nicht dazu nutzen, sich dort unverzichtbar zu machen, wo er durchaus verzichtbar wäre. Gerade die Begleitung Sterbender ist der denkbar schlechteste Ort, um eigene Profilneurosen, Helfersyndrome, Beziehungsdefizite und Kommunikationsmängel abzubauen. Sterbebegleitung muss um des anderen willen stattfinden, und sie besteht eben nicht nur in der unmittelbaren Begleitung des primär Betroffenen, sondern auch und ganz wesentlich in der der Angehörigen. Sterbebegleitung realisiert sich nicht nur unmittelbar unter dem Kreuz, sondern auch in seinem Hintergrund.

Wer das Angebot der Begleitung macht, muss sich seiner Grenzen bewusst sein und eine hohe Sensibilität dafür aufbringen, wo und wie seine Begleitung sinnvoll und hilfreich sein kann. Er sollte die Tätigkeiten übernehmen, die erforderlich sind, und immer wieder darum bemüht sein, die nächsten Angehörigen einzubeziehen und sie zu dem zu ermutigen, was ihren Möglichkeiten und Kräften entspricht. Besonders Hospizhelfer, für die die Begleitung Sterbender und ihrer Angehörigen eine dauerhafte Aufgabe werden soll, sollten deshalb gut ausgewählt und vorbereitet sein. Nur so kann gewährleistet werden, dass ein Hilfsangebot von außen auch wirklich eine Hilfe für die Betroffenen darstellt.

Eine der größten Versuchungen auf dem Weg der Begleitung ist es, das Leid anstelle des anderen tragen zu wollen. Weshalb man auch immer auf diese Idee kommen kann, ob aus einem Helfersyndrom, ob aus Liebe, Übereifer oder falsch verstandener Solidarität, eine solche Begleitung wird nicht gelingen können, weil sie die Realität nicht ernst nimmt und respektiert. Leid lässt sich nicht abnehmen oder delegieren. Es ist deshalb für den Betroffenen in aller Regel eine zusätzliche Belastung, wenn seine Begleiter das nicht akzeptieren. Gerade in diesem Zusammenhang fällt es auf und spricht es für sich, wenn Sieger Köder von den Vorgaben der biblischen Überlieferung abweicht und Simon von Cyrene das Kreuz nicht allein, sondern zusammen mit Jesus tragen lässt!

Sieger Köders Kreuzwegstation »Simon von Cyrene« entwirft ein

Wunschbild von Begleitung. Simon hilft wirksam beim Tragen der Last und wird dem leidenden Christus im Verlauf des Kreuzwegs ähnlich. Das mag bildhaft ausdrücken, dass sich Begleitung besonders dann bewährt, wenn der Begleitende darum bemüht ist, Abstand von sich selbst zu nehmen und das Leid aus der Perspektive des Betroffenen zu sehen und ihm entsprechend zu begegnen. Ein Begleiter muss versuchen, das Kreuz nach der Methode und den Vorgaben des Betroffenen tragen zu helfen. Er muss sich um einen Gleichschritt mit dem Sterbenden bemühen und dort anfassen, wo es aus der Sicht des eigentlich Leidenden nötig ist. Dabei ist es wenig hilfreich, wenn Begleiter besser wissen wollen, wie ein Kreuz zu tragen ist, und sie dem Betroffenen ihre Form und ihr Verständnis von Hilfe zu diktieren versuchen. Wo die Rollen und Aufgaben so vertauscht werden, bringt Begleitung keine Erleichterung.

Wenn Wegbegleitung da ist und hilft, wie und wann immer es möglich ist, entstehen und wachsen menschliche Bindungen. Die Betroffenen werden im Verlauf des Weges zu Geschwistern, sie fühlen sich innerlich verwandt und verbunden. Auch das stellt Sieger Köders Bild dar, wenn Simon und Jesus wie Zwillingsbrüder erscheinen. Es ist das häufige Geschenk eines solchen Miteinanders, dass das gemeinsame Gehen eines Leidensweges herzliche, manchmal sogar freundschaftliche Verbindungen zwischen den Sterbenden, ihren Angehörigen und ihren Begleitern hervorbringt und über den Tod hinaus erhält. Mich hat vermutlich gerade diese Erfahrung während meiner ersten Sterbebegleitung dazu ermutigt, auch weiter für Begleitungen offen zu sein: Der Sterbende bot mir wenige Tage vor seinem Tod das »Du« als Zeichen der Verbundenheit an.

Solche und ähnliche Erfahrungen machen zugleich aber auch verständlich, weshalb viele Begleiter mit dem Tod derer, die sie begleitet haben, selbst zu Trauernden werden. Sie verlieren jemanden, der ihnen über eine intensive und existenzielle Zeit des Miteinanders ans Herz gewachsen ist. Eine Begleitung wirkt also nach und endet nicht mit dem Tod. Jeder Begleiter sollte das eigentlich im Voraus wissen und sich im Anschluss an die Begleitung ausreichend Zeit und Ruhe für den Abschied und seine Trauer lassen. Auch der Simon von Cyrene, der im Bild Sieger Köders dargestellt ist, wird nach den Erfahrungen des Kreuzwegs über den Tod Jesu getrauert haben, denn Christus war ihm zum Bruder geworden. Wie, so kann man sich fragen, hat er den Abschied überstehen können? Das Bild scheint in einem kleinen Detail eine hilfreiche Antwort zu wissen, die für jeden Weg der Begleitung Bedeutung hat: Simon war es offensichtlich bei aller Nähe und Verbundenheit gelungen, dennoch ein Restmaß an Distanz zu wahren. So ähnlich sich er und Jesus auch geworden waren, es blieb stets erkennbar, wer der eigentlich Betroffene war. Es gab keine Totalidentifikation zwischen ihnen! Das war die Voraussetzung dafür, dass Simon den Kreuzweg Jesu mitgehen konnte, ohne dabei selbst seelisch oder körperlich mitzusterben, und es war zugleich die Voraussetzung dafür, dass seine Wegbegleitung für Jesus eine Hilfe sein konnte.

Sieger Köders »Simon von Cyrene« spricht vielen Sterbenden aus der Seele, die auf ihrem letzten Weg nach Begleitung suchen – aber nicht nur ihnen. In diesem Bild ist die Sehnsucht nach einem Menschen ausgedrückt, der einem besonders in den schweren Stunden des Lebens wie ein Bruder nahe ist. Es geht um einen Wegbegleiter, der auch ohne Worte verstehen kann, so wie es oft unter Zwillingen möglich ist; es geht um Zuwendung und Verständnis, um Hilfe und Erleichterung auf einem Weg, der allein kaum zu bewältigen ist. Viele Sterbende suchen lange vergeblich nach einem solchen Weggefährten, und selbst dort, wo sie Begleitung erfahren, findet der gemeinsame Weg vielfach nicht zu diesem Ideal. Das festzustellen ist nicht nur für den Sterbenden schwer. Auch der Begleiter kann darunter leiden, wenn er hinter dem zurückbleibt, was er geben möchte. Wenn eine Begleitung so an ihre Grenzen stößt und das vermeintliche Ideal nicht erreicht, heißt das aber nicht, dass sie deshalb sinn- oder wertlos wäre. Vielmehr wird man sagen müssen, dass eine innere Verbundenheit in der Begleitung, wie sie bei Sieger Köder Darstellung findet, vielfach nur eine Momentaufnahme und seltenst ein kontinuierlicher Zustand ist. Dennoch lohnt es sich, in der Begleitung immer wieder an diesem Bild Maß zu nehmen.

Wo die Erfahrung schmerzt, dass man dem Leidenden nicht wirklich zum Bruder werden konnte, mag ein Gedanke des christlichen Glaubens als tröstlich und hilfreich erfahren werden. Was in einer Begleitung nur unvollkommen möglich werden kann, wird der Sterbende im Tod erfahren: Er wird in Gott den wahren Freund und Bruder finden, der ihm wirkliches Verständnis und liebende Annahme schenken wird.

IV.
»INNENANSICHTEN« DES LEIDENS

»Erdrückende Last«

Wer oder was ist schuld?

Das Erleben von Leid und Sterben lässt nach den Hintergründen und Ursachen für ein solches Schicksal fragen. Besonders wenn die Betroffenen vom Leid niedergedrückt und desillusioniert sind, richtet sich ihr Blick zurück und drängt sich die Suche nach Gründen auf: *»Warum muss ausgerechnet mich dieses Schicksal treffen?« – »Was habe ich getan, dass so etwas kommen musste?« – »Was drückt mich nieder?« – »Was lässt mich so krank sein?«- »Was macht mich so fertig?« – »Wer oder was hat Schuld an meinem Unglück?«* In der öffentlichen Diskussion und vielen medizinischen Fachbeiträgen werden Krankheiten immer wieder in den Kontext lebensbiographischer Ereignisse gestellt, sie sollen von psychischen Belastungen ausgelöst oder begünstigt werden können. Auch das bestärkt die Betroffenen bei ihrer Suche nach den Ursachen, zumal mit dem Aufspüren solcher Gründe vielfach die Hoffnung verbunden wird, Ansätze für eine erfolgreiche Therapie und eine Heilung zu finden.

Die so zielgerichtete Auseinandersetzung mit Leid und Krankheit führt die Betroffenen nicht selten in tiefes Grübeln und in seelische Konflikte. Sie vergraben sich in sich selbst, und das angestrengte Suchen und Nachforschen raubt ihnen die Ruhe des Tages und den Schlaf der Nacht. Vielfach sitzen sie Stunde um Stunde schweigend da. Man kann den so In-sich-Gekehrten leicht ansehen, dass sie etwas bewegt und belastet. Doch sie sind so weit in der Welt ihrer Gedanken, dass ein Vordringen zu ihnen und eine Hilfestellung unmöglich erscheinen. Dennoch unternommene Versuche werden vielfach scharf zurückgewiesen. Diese Verweigerung und das beständige Schweigen sind für die Begleiter oft nur schwer zu ertragen, besonders wenn sie dabei zusehen müssen, wie sehr sich der andere quält. Häufig löst diese Beobachtung Unbehagen, Unmut und Misstrauen aus: *»Warum spricht er nicht mit mir?« – »Warum lässt er sich nicht helfen?« – »Was soll dieses selbstquälerische Schweigen und Grübeln!?«* Diesem Unverständnis folgen dann gern die trotzige Ablehnung und der verletzte Rückzug: *»Wenn er nicht darüber reden will und meint, er müsse das alles mit sich selbst ausmachen, dann soll er auch alleine damit fertig werden.«* Viele Kontakte und Dialogmöglichkeiten werden deshalb an dieser Stelle abgebrochen. Der Kreis der Weggefährten wird kleiner.

Doch das stille Suchen und Nachdenken der Betroffenen heißt nicht, dass ihnen nicht an einem Gespräch und einem Miteinander gelegen wäre. Vielmehr sagt dieses Verhalten lediglich, dass die Zeit gegenwärtig noch nicht für den Dialog reif ist und dass der Kranke die Ruhe braucht, um seine eigenen Gedanken ordnen zu können. Diese Phase ist für den Betroffenen und seine Begleiter belastend, aber es ist für alle Beteiligten die Aufgabe dieses Augenblicks, die Stille gemeinsam auszuhalten und Raum für die Auseinandersetzung des Einzelnen mit sich selbst zu lassen. Wo dennoch Gelegenheit für den Dialog bleibt, wird der Betroffene darauf beizeiten zurückkommen.

Das Suchen nach den Ursachen kann sich aber auch lautstark artikulieren. Die so begründeten Fragen und Anklagen platzen förmlich aus den Betroffenen heraus und sind zumeist ausgesprochen, bevor sie wirklich reif und zu Ende gedacht sind. Viele dieser Worte wirken deshalb ungerechtfertigt und verletzend. Das trifft besonders zu, wenn es dabei zu unzweideutigen Schuldzuweisungen kommt. *»Unsere Ehe hat mich krank gemacht!«* – *»Hättest du mir nicht so viele Sorgen bereitet und mich nicht immer wieder so unter Druck gesetzt, dann wäre ich nicht krank geworden.«* Auch hier kommt es häufig zu Verletzungen, die zum Abbruch von Kontakten und Beziehungen führen. Doch muss ein im Suchprozess und unter dem großen Druck der Situation gesprochenes Wort kein endgültiges Urteil sein. Es kann sich im Prozess weiterführender Überlegungen verändern und auch in sein Gegenteil verkehren. Wie man auf solche Vorhaltungen und Fragen richtig reagiert, das ist stark von der Situation und der jeweiligen zwischenmenschlichen Beziehung unter den Beteiligten abhängig. Es kann ratsam sein, Vorwürfe im Schweigen hinzunehmen und zu ertragen, um dem anderen die Gelegenheit zu geben, das Abwegige seiner Worte selbst zu entdecken. Manchmal ist es sinnvoll, den erhobenen Vorhaltungen nachdenklich und mit Ernst zu begegnen, weil sie einen Funken Wahrheit besitzen, den zu entdecken allen Beteiligten eine Hilfe und Erleichterung auf dem weiteren Weg sein würde. Schließlich gibt es auch Situationen, in denen man sich deutlich der Vereinnahmung entziehen und sich ohne Umschweife gegen Schuldzuweisungen wehren muss. Man muss sich als Weggefährte nicht alles gefallen lassen, denn auch eine schwere Krankheit berechtigt niemanden dazu, Unrecht zu tun und wahllos um sich zu schlagen. Ein klärendes Wort und ein Zurückweisen in die Schranken eines vernünftigen Umgangs schaffen hier oft erst wieder die Voraussetzung dafür, dass zu einem angemessenen Miteinander zurückgefunden wird.

Das Nachforschen und der Rückblick in die eigene Biographie decken nicht selten dramatische Lebensgeschichten und -zusammenhänge auf.

Niedergedrückt von der Krankheit, gelingt es vielen Betroffenen leicht, sich an die Enttäuschungen, Verwundungen und Nackenschläge ihres Lebens zu erinnern; der Schmerz des Augenblicks scheint geradezu die Erinnerung an die Momente aufzudrängen, die von ähnlichem Schmerz erfüllt waren. Eine solche Zusammenschau der dunklen Seiten eines Lebens drückt zusätzlich nieder und macht angesichts der begrenzten Lebensspanne sichtbar, um wie viel Glück man betrogen worden ist. Man erkennt, dass die Zeit nicht mehr reichen wird, um das Verlorene und Vorenthaltene nachzuholen und die Wunden der Vergangenheit zu heilen. Viele Gefühle von Traurigkeit und Angst, von Schmerz und Niedergeschlagenheit, von Unglück und Depression, denen man nachzuspüren versucht, bleiben ohne erkennbaren Grund, und nicht jede Krankheit lässt sich auf eine Ursache in der Lebensgeschichte zurückführen. Auch können der weitere Verlauf der Krankheit und die dadurch bedingte Verschlechterung des Gesundheitszustands und der Konzentrationsfähigkeit bewirken, dass viele aufgeworfene Fragen keine Antwort mehr finden. Dieses Suchen, ohne an ein Ziel zu kommen, kann die Betroffenen sehr belasten.

Die Auseinandersetzung mit der Vergangenheit und die Suche nach möglichen Gründen oder Begünstigungen für eine schwere Krankheit drängen sich den Betroffenen vielfach als Bedürfnis auf. Diese Beschäftigung mit dem Leben muss oft stattfinden, damit Menschen ihren Frieden finden und sterben können. Sie bietet den Betroffenen Anlass, die Dinge ihres Lebens zu ordnen, ermöglicht nach einer ehrlichen Beschäftigung mit dem Zurückliegenden wieder den Blick für die Zukunft und fördert den Willen, diese zu gestalten. Gleichwohl muss man festhalten, dass dieser Weg durch die Vergangenheit schmerzhaft ist und Kräfte raubt. Das angestrengte Suchen kann zu traurigen Einsichten führen. Es kann niederdrücken, sprachlos machen, Beziehungen belasten und Aggressionen wecken. In dieser Phase brauchen alle Beteiligten viel Geduld. Die Betroffenen müssen die Geschwindigkeit und die Form dieses Prozesses selbst bestimmen. Ihnen muss es überlassen sein, wann sie die Auseinandersetzung führen wollen und wann sie ihr Grenzen setzen möchten. Hier zeigt sich eindringlich, ob die Begleitenden ausreichend zwischen Begleitung und Führung zu unterscheiden verstehen. Eine Begleitung qualifiziert sich dadurch, dass sie den Weg mitgeht, den der andere wählt. Eine Führung hingegen lenkt den Weg des anderen zielgerichtet und überschreitet damit jegliche Kompetenz und Berechtigung. So werden Sterbende von manchen Gesprächs-»Führern« unverantwortlich mit Fragen konfrontiert und in Überlegungen gezwungen, die bleibende Unsicherheiten und Ängste zurücklassen. Sie werden bei ihrem Nachdenken und Grübeln mit immer neuen Klärungsansätzen und Sinndeutungen bedrängt. Mit sicherem Instinkt werden wunde Stellen aufgerissen und Probleme aufgedeckt, gleichgültig ob sie einen Bezug zu dem erkennen lassen, was den Betroffenen bewegt. Der missionarische Eifer und die Sicherheit, mit der hier selbsternannte Berater und Gesprächs»führer« immer wieder sagen: *»Ich glaube, ich weiß jetzt den Grund!«* oder *»Meinen sie nicht auch, das könnte es sein!?«* verrät, dass sich viele ihrer Sache erschreckend sicher sind und sich nicht ansatzhaft selbst in Frage stellen. Viele Sterbende geraten durch solch wilde Spekulationen über das, was sie krank und unglücklich gemacht haben könnte, in immer größere Aufregung und Verzweiflung. Vor einer solchen »Führung« – egal wie sie motiviert ist – sollten Sterbende bewahrt werden, zumal es ihnen oft unmöglich ist, sich aus eigenen Kräften davor zu schützen. Viele werden sonst die bösen Geister nicht mehr los, die andere in ihnen geweckt oder in sie hineingeredet haben. Sterbebegleitung muss sich in jedem Fall davor hüten, führen zu wollen! Sie sollte sich stets ihrer Möglichkeiten und Grenzen bewusst bleiben. Man darf als Laie ohne entsprechende Qualifikation nicht etwas unter dem Druck der Zeit klären wollen, was selbst auf dem Weg einer Langzeittherapie nicht sicher zu analysieren wäre. Sowohl Begleiter als auch Sterbende müssen vor Augen haben, dass es keine restlose Aufklärung innerer Lebenszusammenhänge geben kann. Man wird nie gänzlich aufdecken können, was einen Menschen krank oder unglücklich sein lässt. Menschen leben mit Geheimnissen und werden unweigerlich auch mit Geheimnissen sterben! Wohl bleibt auf dem Weg des Sterbens die christliche Hoffnung, dass sich mit dem Tod alle Geheimnisse des Lebens erschließen werden.

Wenn Betroffene auf die beschriebene Weise nachdenklich sind, was im Krankheitsverlauf keine Frage des Augenblicks sein muss, sondern sich immer wieder einstellen kann, dann bewährt sich oft die Stille. Da die Antworten auf viele Fragen vermutlich nur die Betroffenen selber finden können, besteht die Aufgabe der Begleitenden primär im guten Zuhören und Nachfragen. Immer wieder führt die Suche nach den Ursachen für die schmerzlichen Erfahrungen eines Lebens zu konkreten Geschehnissen und Namen. Sie wecken in den Betroffenen oft Angstzustände und konkrete Aggressionen, gegen die, die ihr Leben belastet, schwer gemacht oder sogar zerstört haben. Das auszuhalten ist schwer. Wenn man als

Begleiter Wege aus diesen Gedanken weisen oder zu einer Versöhnung beitragen möchte, steht man vor hohen Anforderungen. Menschliche Möglichkeiten kommen hier sehr schnell an ihre Grenzen, denn nicht immer sind Versöhnung und Wiedergutmachung möglich.

Zwei Vorstellungen des christlichen Glaubens können hier hilfreich sein. Beide lassen sich im Bild Sieger Köders finden. Wer sich von menschlicher Ungerechtigkeit und Härte belastet weiß, sieht, dass Christus Ähnliches erlebt und erlitten hat. Es waren die Fehler und Sünden anderer, die sein Kreuz schwer gemacht haben, das ist unschwer zu erkennen, wenn man auf den Kreuzesbalken sieht. Diese Parallele zwischen dem Leid Jesu und dem des Sterbenden kann Nähe und Verständnis zwischen Gott und Mensch vermitteln, wo sich der Misshandelte und Missbrauchte allein und unverstanden fühlt. Trostreich scheint zudem das christliche Verständnis von einer größeren Gerechtigkeit. Demnach werden sich alle Menschen einmal vor Gott dafür verantworten müssen, wenn sie anderen das Leben schwergemacht haben. Das kann Genugtuung schaffen, Gelassenheit vermitteln und beruhigen.

»Sturm auf dem See«

Leid zieht Leid an

Der Verlauf mancher Krankheiten, zumal vieler Krebserkrankungen, vermittelt zahlreichen Betroffenen den Eindruck, dass ihr gesundheitliches Leid anderes Leid anzieht. Ist erst nur ein bestimmtes Organ betroffen und kostet es bereits große Kraftanstrengung, die Diagnose zu ertragen und den Kampf gegen die Krankheit aufzunehmen, so bringt es der ungebrochene Verlauf der Erkrankung vielfach mit sich, dass immer neue Organe in Mitleidenschaft gezogen werden und die Krankheit entgegen jeder Bemühung fortschreitet. So kommt zu einem körperlichen Symptom das nächste, und ein Erschöpfungszustand folgt dem anderen.

Vielfach macht es den Anschein, als träfe eine Verschlechterung des Gesundheitszustandes mit Vorliebe gerade dann ein, wenn sich die Patienten einigermaßen mit ihren Krankheitssymptomen arrangiert haben und ihr Leben ein gewisses Maß an Normalität zurückgewonnen hat. Nach vereinzelten Etappensiegen im Therapieverlauf und der daraus entstandenen Hoffnung aller Beteiligten, die Krankheit überwinden oder zumindest mit ihr leben zu können, werden sie von neuen Untersuchungsergebnissen überfallen. Blitzartig sind Zuversicht und Optimismus zerschlagen und weichen einer resignativ-depressiven Stimmung. Die ärztlichen Befunde kündigen an, dass die bisherigen medizinischen Bemühungen, die zunehmend größere Zahl verordneter Tabletten und verabreichter Infusionen, die immer wieder notwendig gewordenen Operationen und Bestrahlungen vermutlich die Krankheit nicht aufhalten konnten. Vielmehr wird sie mit hoher Wahrscheinlichkeit immer größeres Leid verbreiten, Komplikationen hervorrufen und zum Tod führen. Diese düstere Aussicht und die Feststellung, dass alle Anstrengungen vergeblich und die leisen Hoffnungen verfrüht gewesen sein könnten, verursachen Panik, Frustration und Mutlosigkeit.

Der Kranke sitzt ähnlich wie in Sieger Köders Bild »Sturm auf dem See« in einem Boot, über das die Wellen der hohen See erbarmungslos und übermächtig zusammenschlagen. Die Möglichkeiten und Mittel, mit denen sich der Betroffene gegen seine Krankheit zur Wehr setzen kann, wirken angesichts der gewaltigen Bedrohung ähnlich lächerlich wie das kleine Eimerchen, mit dem der Mann im Boot versucht, die Wasserfluten in den See zurückzubefördern. Die Situation erscheint aussichtslos, der Widerstand ist ohne Hoffnung auf Erfolg und das Ergebnis unausweichlich: Das Boot wird sinken! Dass der Mann im Boot dennoch seinen Kampf nicht aufgibt, ist Ausdruck schierer Verzweiflung und Existenznot und ein kläglicher Versuch, dem Schicksal Minuten abzuringen und Zeit für ein Wunder zu schaffen. Dabei werden die Bewegungsabläufe zunehmend hektisch und unkontrolliert. Es ist nicht mehr von einem bewussten Handeln, sondern mehr von einem reinen Funktionieren zu reden. Sieger Köders »Sturm auf dem See« fängt damit treffend und ansprechend die ausweglose Lage und die trostlose innere Stimmung ein, in der sich zahllose Sterbende und ihre Begleiter erleben, wenn das Schicksal unabwendbar über ihnen zusammenbricht.

Leider wird aber oft nicht nur das körperliche Leid mit der Zeit größer. Häufig folgen dem Leid der Krankheit noch weitere Katastrophen und Schicksalsschläge. Es bewahrheitet sich so auf eindringliche und für die Betroffenen kaum zu ertragende Weise die Redensart, dass ein Unglück nur selten alleine kommt. Manche Sterbenden müssen erleben, wie ihre Ehe oder ihre Partnerschaft den zusätzlichen Belastungen nicht standhält und auseinanderbricht. Partner, Freunde und Angehörige ergreifen vor ihnen die Flucht und stehlen sich aus der Verantwortung. Viele müssen zusehen, wie Streitigkeiten und Konflikte die Familie oder den Freundeskreis aufreiben, ohne dass sie die Möglichkeit oder die Kraft hätten, etwas zu einer Versöhnung beizutragen. Nicht wenige verlieren während ihrer Erkrankung den Arbeitsplatz oder geraten in finanzielle Schwierigkeiten. Andere erreicht die Nachricht von der schweren Erkrankung eines Angehörigen oder bedrückt die Beobachtung, dass die eigenen Kinder sich mit Problemen und Sorgen herumtragen, ohne das sie ihnen helfen könnten. Manchmal stirbt den selbst Sterbenden ein Angehöriger oder Freund, mit dessen Unterstützung und Wegbegleitung sie fest gerechnet hatten.

Das Schicksal ist leider oft noch einfallsreicher und gnadenloser, als es die menschliche Phantasie sein kann. Deshalb lässt sich unmöglich beschreiben und in Worte fassen, was alles zugleich über einen Menschen hereinbrechen kann. Man steht vielfach fassungslos vor einer solchen Fülle von Leid und Unglück. Viele so vom Schicksal Gedemütigte müssen glauben, dass sich die ganze Welt und der Himmel gegen sie verschworen haben. Es wundert nicht, wenn sie darauf mit Resignation, Verzweiflung und Erschöpfung antworten.

Angesichts solcher Lebensschicksale bleiben einem Weggefährten vermutlich nur das Schweigen und das Angebot an die Betroffenen, sie in dieser Situation nicht allein zu lassen, sondern für sie da zu sein. Schließlich trifft in dieser Fülle von Not nur selten ein Wort die Situation und ziehen es viele vor, vor der Konfrontation mit einem solchen Elend zu fliehen und die Sterbenden sich selbst zu überlassen. Es kann sehr belasten, dem großen Unglück eines anderen zusehen und es begleiten zu müssen, ohne es verändern zu können. Deshalb ist es ratsam, als Begleiter selbst nach Begleitung zu suchen, um im Gespräch mit einem vertrauten Menschen oder aber auch im Gebet sich das Belastende von der Seele reden und Zuwendung und Rat finden zu können. Nur so ist es vielfach möglich, sich den Herausforderungen eines sich oft noch weiter dramatisierenden Wegs zu stellen.

Ein weiteres Leid, das zu allem anderen Unglück häufig hinzukommt, ist, dass die Sterbenden feststellen müssen, dass die Bedrängnis und Aussichtslosigkeit ihrer Situation und die Fülle des Unglücks zusätzlich diejenigen mit erfassen, mit denen sie eng verbunden sind. Sie müssen realisieren, dass auch andere in ihrem Boot sitzen und vom Sturm bedroht werden: Kinder, Partner, Eltern, Geschwister und Freunde. Ihre Angehörigen sind häufig spürbar in Mitleidenschaft gezogen und sichtlich darüber verzweifelt, dass sie dem Unheil tatenlos zusehen müssen. Manchmal zeigt sich sogar, dass Angehörige diese Konfrontation selber nicht ohne Schaden an Körper und Seele überstehen werden. Solche Beobachtungen verursachen den Betroffenen zusätzliche Not. Dass die eigene Krankheit eine existenzielle Gefahr auch für andere ist, belastet ihr Gewissen und veranlasst viele, den bereits aufgegebenen Kampf wieder aufzunehmen und ihn für die Angehörigen nach außen hin tapfer weiterzukämpfen. Der Sterbende sorgt sich dann mit dem Rest seiner Kräfte um die anderen. Er schickt sie deshalb von sich weg, um ihnen das Mitleiden zu ersparen, oder er konzentriert seine Aufmerksamkeit auf sie, um ihnen Wegbegleiter zu sein. Nicht selten versuchen Betroffene aber auch ihr eigenes Leid zu überspielen und Fröhlichkeit zu verbreiten, damit die Angehörigen nicht in Hoffnungslosigkeit untergehen.

So kommt es dazu, dass Sterbende ihre letzten Energien dafür aufbringen, um ihren Angehörigen etwas vorzupielen. Sie wollen Verwandten und Freunden keine Last sein und niemanden mit ihrem Schicksal erschüttern. Doch diese Art von Fürsorge um die Angehörigen und das Spielen solcher Rollen erschweren unter den Beteiligten eine wahre menschliche Begegnung und rauben Kräfte, die der Sterbende für sich selbst und die Fortsetzung seines Weges braucht. In solchen Situationen sorgt es für Erleichterung, wenn Sterbende sehen können, wie sich die

Angehörigen umeinander kümmern oder wie sich andere um sie bemühen und ihnen verlässlich zur Seite stehen. Wo diese Sorge Sterbender um ihre Familien und ihre Freunde erkannt und durch das Angebot zuverlässiger Unterstützung genommen werden kann – *»Ich werde mich um die Angehörigen kümmern«* –, endet häufig die Verstellung und kommt es zu einer wohltuenden Entspannung der Situation. So von einer quälenden Sorge befreit, kann der Weg des Sterbenden mit seinen Angehörigen wieder im ehrlichen Miteinander fortgesetzt werden.

Das mag ein kurzes Beispiel verdeutlichen:

Eine sterbende Frau äußerte in einem Gespräch, wie sehr sie davon belastet sei, dass ihr Lebensgefährte so sichtbar unter ihrer Krankheit leide. Der Mann war ganz offensichtlich am Boden zerstört. Angst und Hilflosigkeit waren ihm ins Gesicht geschrieben. Er sorgte sich rührend, aber er sprach kein Wort über seine Gefühle. Die Frau hatte deshalb nächtelang nicht geschlafen. Sie war innerlich verzweifelt. Beim nächsten Besuch habe ich mich nach einem kurzen Wortwechsel mit der Kranken in das Nachbarzimmer zurückgezogen, um dort mit ihrem Lebensgefährten zu sprechen. Das Gespräch war intensiv und dauerte sehr lange. Der Mann nutzte nach anfänglichem Zögern die Gelegenheit und sprach offensichtlich zum ersten Mal über die Gefühle, welche die Krankheit und der nahe Tod seiner Lebensgefährtin in ihm auslösten. Es machte den Eindruck, als verschaffte ihm allein diese Möglichkeit, sich aussprechen zu können, große Erleichterung. Als wir zwei Stunden später in das Zimmer der kranken Frau zurückkamen, schlief sie tief und fest. Sie war beruhigt eingeschlafen, weil sich jemand um ihren Lebensgefährten kümmerte. Bei den nächsten Besuchen konnte man feststellen, dass sich die Situation zwischen beiden deutlich verändert hatte: Sie sprachen jetzt gemeinsam über ihre Gefühle und begleiteten sich gegenseitig. Sie schienen gefestigter und gelassener.

Es kann auch wichtig sein, dem Sterbenden gezielt zu versichern, dass man auch nach seinem Tod für seine Angehörigen da sein wird. Wo es möglich und sinnvoll ist, sollte man diese Hilfe anbieten oder nach Menschen suchen, die diese Aufgabe zu übernehmen bereit sind. Allerdings darf man eine solche Zusage nur machen, wenn man es ehrlich versprechen will und einlösen kann:

Ein junger Familienvater legte mir am Ende eines Krankenbesuches wenige Tage vor seinem Tod die Hände seiner Kinder und seiner Frau symbolisch in meine Hände. Er hat mir dabei das Versprechen abgenommen, mich um seine Familie zu sorgen. Dies Verspre-

chen nahm ihm eine Last von der Seele. Von diesem Moment an war er spürbar ruhiger. Er schien sich jetzt mit größerer Konzentration sich selbst und der Aufgabe des Sterbens zuwenden zu können.

Wenn Leid anderes Leid anzieht und viele Schicksalsschläge zusammenkommen, dann richtet sich verständlicherweise der Blick vieler auf Gott. Warum handelt er nicht? Warum schaut der, von dem man sagt, dass ihm alle Macht gegeben ist, zu, wenn ein Mensch in Not gerät? Warum liegt er schlafend da, während der Sturm die Wellen in das Boot peitscht? Das Bild Sieger Köders enthält diese Frage vieler Sterbender und ihrer Angehörigen, ohne eine einfache Antwort zu versuchen, und macht es deshalb für sie zusätzlich wertvoll. Die Erfahrung der Untätigkeit Gottes ist ein weiteres Leid, das zu allem anderen Leid noch dazukommt. So sehr man auch auf das Ende des Evangeliums vom Seesturm (Mk 4,35-41) verweisen kann, bei dem Christus schließlich doch aufsteht, den Winden gebietet und seine Jünger vor dem Untergang rettet, und so sehr man das als einen Hinweis auf die Rettung durch Gott verstehen mag, die spätestens im Geschehen der Auferstehung eintreten wird, so schwer fällt es vielen, sich in der Situation größter Not und ausbleibender »Hilfe von oben« unmittelbar daran festzumachen und daraus Hoffnung zu schöpfen. Dennoch besitzt dieses Bild für viele etwas Tröstliches. Auch wenn Gott nicht zu handeln scheint, so sitzt er doch mit in dem sinkenden Boot und ist nahe: ein kleiner Funke Hoffnung.

»Ijob«

Die Klage gegen den Himmel

Im Verlauf von Krankheit und Leid stellen viele Betroffene die Frage, worin der tiefere Sinn ihres Unglücks liegt. Sie suchen nach einer Erklärung dafür, warum Gott ihr menschliches Elend zulässt. Je bedrängender sie ihre Krankheit und ihre Not erleben, um so eindringlicher werden die Fragen: *»Worin liegt der Sinn meines Leidensweges?«* – *»Warum müssen diese Schmerzen sein? Warum diese Einsamkeit? Warum dieses körperliche Siechtum?«* – *»Warum trifft einen Menschen soviel Leid und Elend zur gleichen Zeit?«*

Die meisten dieser Fragen lassen sich nicht wirklich beantworten, weil sie den menschlichen Horizont übersteigen. Deshalb werden sie von vielen Betroffenen – ganz unabhängig davon, ob sie bisher religiös waren oder nicht – irgendwann an den Himmel und ein mögliches transzendentes Wesen gestellt. Wo die menschliche Weisheit an ihre Grenzen stößt, erwartet man eine Antwort von »oben«: Vorausgesetzt es gibt einen Gott, so wird er die Wahrheit kennen und das scheinbar Sinnlose mit Sinn erfüllen können. Die bedrängenden Fragen erhalten damit einen festen Adressaten: *»Mein Gott, was willst du mir mit meiner Krankheit sagen?«* – *»Was habe ich getan, Gott, dass ich so etwas verdiene?«* – *»Sag mir: Was muss ich tun, damit sich mein Schicksal wendet?«* Von der Klärung dieser Fragen versprechen sich die Betroffenen Erleichterung. Das Wissen um die Gründe und die Wahrheit könnte ihnen helfen, ihr Schicksal besser anzunehmen. *»Wenn ich nur wüsste, warum ich das ertragen muss, dann fiele es mir bedeutend leichter!«*

Ein weiteres Motiv, das Betroffene auf den Himmel blicken lässt, ist die sehnsüchtige Hoffnung, dass ihnen aus der Macht und Größe Gottes Hilfe zukommt. Viele glauben an die Fähigkeit Gottes, ein menschliches Schicksal wenden, zumindest aber erträglicher machen zu können, und versuchen deshalb einen Handel mit Gott. Wie in einem Tauschgeschäft bieten sie für die Heilung oder die Linderung ihrer Not ein gutes Werk, einen intensiveren Glauben oder ein bewussteres Leben an: *»Wenn du mich heilst, wenn du mich rettest, dann werde ich mich wieder mehr an deine Gebote halten.«* Die so Bittenden wissen, dass das Erbetene hohen Wert besitzt und dass in ihrer Situation Hilfe Not tut. Entsprechend nimmt das Ausmaß der Versprechungen, die zum Ausgleich für die göttliche Hilfe angeboten werden, unglaubliche und teils auch unrealistische Formen an. Die Betroffenen sind bereit, alles zu geben, wenn ihnen nur Heilung geschenkt wird. Durch kleine Vorleistungen, eine gute Tat oder ein Kerzenopfer, versuchen sie –

wie man es bei einem Geschäftsabschluss machen würden, um sich gute Ausgangsvoraussetzungen für die Verhandlungen zu schaffen –, sich Gott gewogen und gnädig zu stimmen. Manchmal sind es auch Drohungen, mit denen Betroffene die Chancen einer Erhörung ihrer Bitten zu verbessern glauben: *»Wenn es dich gibt, dann wirst du helfen. Wenn aber keine Hilfe kommt, dann kann es dich nicht geben, und dann werde ich nicht mehr an dich glauben.«* Oft fließen in diese Gespräche mit Gott auch Töne der Klage und Anklage. Gerade dann, wenn das viele Bitten um eine Antwort auf die Sinnfrage und um Heilung kein Gehör gefunden zu haben scheint, richtet sich die Verzweiflung gegen Gott. *»Warum lässt ein Gott, der die Menschen angeblich liebt, zu, dass ich so leiden muss?«* – *»Wie kannst du mich so elendig krepieren lassen?«* – *»Wer bist du, dass du dich meinen Bitten und meinem Flehen verschließt?«* In solch verzweifelte Sätze mischen sich oft Flüche und Beschimpfungen gegen diesen taten- und gnadenlosen Gott.

Alle diese Fragen und Gedanken, die Menschen in ihrer Not quälen und die sie verzweifelt an Gott stellen, sind in der alttestamentlichen Gestalt des Hiob wiederzufinden. In seiner Lebensgeschichte hat es unendlich viel Elend und Leid gegeben. Hiob haderte und rang deshalb genauso mit seinem Gott, wie es viele ähnlich Betroffene tun. Seine intensive Auseinandersetzung mit dem Himmel ist in einer eindrucksvollen Momentaufnahme in Sieger Köders Bild »Ijob« festgehalten. Doch die von Hiob stets neu aufgegriffene Zwiesprache mit dem Schöpfer war von weit mehr Empfindungen und oft auch von so vielen gegensätzlichen Gefühlen gekennzeichnet, dass die entsprechende Spannung unmöglich in einem einzelnen Bild dargestellt werden kann. Diese Dialoge zwischen Mensch und Gott sind zumeist voller Gegensätze. Sie kennen Sprachlosigkeit und Wortfülle, den Wechsel zwischen flehendem Bitten und aggressivem Fordern, die aus Verzweiflung zusammengeballten Fäuste und andächtig ineinander gelegte Hände, das innerliche Aufbäumen und die kraftlose Ruhe, die Tränen der Verzweiflung und die regungslose Starre des Gesichts. »So gib mir eine Antwort! Hab Erbarmen mit mir!«, (Ijob 33,1), fleht Hiob. Doch wie er machen nahezu alle Leidenden die Erfahrung, dass der Himmel die Antwort verweigert. Dem eindringlichen Bitten und Klagen folgt eine unerträgliche Stille. Die göttliche Antwort bleibt aus, und damit scheint das Leid endgültig ohne Sinn und ohne Hoffnung zu sein. *»Was glauben Sie, wie sehr ich diesen Satz in der Messfeier jetzt verstehe, den ich so oft mitgebetet habe, ohne über ihn nachzudenken: 'Herr, sprich nur ein Wort, dann wird mein Seele gesund!' (Mt 8,8). Was glauben Sie, wie inständig ich diesen Satz jetzt bete?!«* Mit diesen Worten machte mir ein Sterbender nachvollziehbar und verständlich, was in solcher Situation ein Wort von oben bedeuten würde und wie quälend es sein muss, wenn dieses Wort ausbleibt.

Das Fragen und Klagen gegen den Himmel und der Versuch, mit einem höheren Wesen zu handeln und es mit Gebeten und Bitten zu bestürmen, ist eine Reaktion auf das Leid, die man bei Glaubenden und Nichtglaubenden gleichermaßen beobachten kann. Doch viele Betroffene belastet und beschämt es, wenn sie sich so verhalten. Gläubige Menschen sehen es vielfach als sündhaft an, wenn sie mit ihrem Gott hadern und feilschen. Ungläubigen hingegen sind diese situativ bedingten religiösen Anwandlungen oft peinlich. Wären sie gesund, würden sie ihre Gedanken für sentimental und kindisch halten. Solche und ähnliche Überlegungen sind der Beweggrund dafür, weshalb Sterbende häufig nur schwer über ihre religiösen Empfindungen und ihren Hader mit Gott sprechen können. Doch gerade mit diesen Konflikten und offenen Fragen allein zu sein, ist vielen eine unendlich große Belastung. Nur selten gibt es die Gelegenheit für religiöse Gespräche, und nur wenige Menschen machen Sterbenden Mut, ohne schlechtes Gewissen und falsche Scham über ihre religiösen Fragen und Empfindungen zu reden. Doch warum sollte der Glaubende ein schlechtes Gewissen haben: Hat nicht auch Jesus Christus im Garten Getsemani mit Gott gehandelt: »Vater, lass diesen Kelch an mir vorübergehen?« (Mt 26,39). Hat nicht auch er am Kreuz geklagt: »Mein Gott, mein Gott, warum hast du mich verlassen?« (Mt 27,46). Warum sollte der Ungläubige Scham empfinden und das Fragen nach Gott für sentimental und kindisch halten müssen, solange Gottes Existenz nicht widerlegt ist und die Möglichkeit einer Unterstützung durch seinen Geist nicht ausgeschlossen werden kann? Nichts erscheint unpassender, als Sterbende wegen ihrer religiösen Empfindungen und Fragen zu belächeln, nichts absurder, als ihnen deshalb ein schlechtes Gewissen zu suggerieren!

Es ist verständlich, dass viele befürchten, von diesen Fragen überfordert zu werden, und deshalb Gesprächen dieser Art aus dem Weg gehen. Doch ungeachtet dessen, ob Theologen und Philosophen auf solche Fragen eine befriedigende Antwort geben können, geht es hier doch weniger darum, Antworten zu geben, als vielmehr Fragen zuzulassen. Unabhängig davon, ob eine Antwort möglich wäre, können allein das laute Aussprechen und die Gelegenheit zum Flehen und Klagen die Betroffenen erleichtern und befreien. Wegbegleiter sollten deshalb den Mut aufbringen, einen Gedankenaustausch über die religiöse Dimension von Leid und Tod anzuregen und zuzulassen. Durch eine direkte Frage, durch die Zuhilfenahme eines Bildes, wie das Sieger Köder-Bild »Ijob«, oder aber durch das Aufgreifen entsprechender Andeutungen der Betroffenen, lässt sich in ein solches Gespräch finden. Wichtig ist dabei, dass der Gesprächspartner dabei nicht der Versuchung erliegt, die Antworten geben zu wollen, die der Himmel durch sein Schweigen verweigert. In der Geschichte des Hiob glaubten viele seiner Zeitgenossen genau das zu können. Sie wussten angeblich, weshalb diesen Mann das Unglück traf, und ihnen war klar, was Gott ihm damit sagen wollte. Doch sie wussten es natürlich nicht, denn es gab dafür keine menschliche Antwort oder Erklärung, und so waren ihre vielen Worte nur eine zusätzliche Belastung für den leidenden Hiob.

Eine menschliche Antwort auf eine existenzielle und an Gott gerichtete Frage ist vom Grundsatz her zum Scheitern verurteilt. Deshalb verbieten sich hier missionarischer Eifer und großes Reden. Es bleibt nur, die Unwissenheit und Ratlosigkeit miteinander zu teilen, auszuhalten und darauf zu hoffen, dass es einmal jenseitig eine Antwort geben wird.

Die Frage, warum Gott das Leid zulässt, ist oft gestellt worden und es hat viele Versuche gegeben, sie zu beantworten. Dem christlichen Glauben nach ist das Leid die Konsequenz einer, in die volle Freiheit entlassenen Schöpfung. Aus ihrem Fehlgebrauch entstehen Elend und Schuld in dieser Welt. Gott respektiert die Freiheit seiner Schöpfung, denn ohne sie gäbe es keine wirkliche Liebe, und greift deshalb nicht aktiv in das Leben der Menschen ein, auch nicht um das Böse zu verhindern. Vom Grundsatz her mag es deshalb unsinnig erscheinen, wenn Menschen mit Gott handeln und ihn mit Gebeten bestürmen. Aber diese Erklärungsversuche des Glaubens lassen zahlreiche Fragen offen. Vieles bleibt ein Geheimnis! Der Christ darf deshalb auch weiterhin die Frage stellen, warum der Liebende und Grenzenlose nicht eingreift, wenn Menschen vom Unglück niedergedrückt werden, denn vermutlich fällt es Gott selbst schwer, das tun zu müssen. Der Mensch darf gegen seinen Gott klagen, den Himmel mit seinen Anliegen bestürmen und die Geduld Gottes strapazieren, weil Gott das aushalten und die Not verstehen wird, und weil man im Letzten nicht wissen kann, was ein mit Liebe gesprochenes Gebet wirklich bewirkt. Dieses christliche Gottesbild hat gerade in der Not etwas Tröstliches. Niemand wird durch sein Fragen und seine Zweifel die Liebe seines Gottes verlieren. Das kann jede Gewissensnot nehmen! Zudem gibt es die Hoffnung, dass es bei Gott einmal eine Antwort auf alle Fragen geben wird und dass der tiefe Sinn des menschlichen Lebens sich im ewigen Leben erfüllt.

Der Christ erwartet ein Leben, in dem die Liebe Gottes nicht mehr an die Grenzen der menschlichen Freiheit stößt und in dem es deshalb kein Elend mehr geben wird.

Die Gedanken des christlichen Glaubens wird nicht jeder Mensch akzeptieren und annehmen können. Aber dieses Gottesbild und diese Glaubensperspektiven können in Leid und Tod eine große Hilfe sein. Viele, die den Weg des Sterbens gehen, schöpfen daraus Kraft und Vertrauen. Deshalb findet es oft große Aufmerksamkeit und waches Interesse, wenn es Begleitern gelingt, diesen Glauben auszustrahlen, und sie lebendig – aber mit der notwendigen Zurückhaltung – von ihm Zeugnis geben.

»Jakobs Kampf am Jabbok«

Ein Kampf, der Zeit braucht und verändert

Ein Hadern mit dem Schicksal und ein Ringen mit Gott bleiben den meisten Sterbenden, selbst Ausgeglichenen und tief Religiösen, nicht erspart. Dieses Hadern und Ringen wird wie ein schwerer und zäher Kampf empfunden, der an den Nerven zehrt und unbeschreibliche Kräfte kostet. Das Bild Sieger Köders »Jakobs Kampf am Jabbok« weist Parallelen zu solchen Situationen auf. Sein Motiv wird deshalb von vielen Betroffenen als exakte Wiedergabe ihrer eigenen Erfahrungen angesehen.

In der biblischen Szene (Gen 32,23-33), die dem Bild zu Grunde liegt, kämpfen Jakob und Gott miteinander. Jakob verliert erwartungsgemäß diese handgreifliche Auseinandersetzung beim Überqueren des Jabbokflusses und geht geschwächt und verändert aus ihr hervor. Sein Kampf mit Gott bezeichnet eine entscheidende Wende in seinem Leben.

Was hier als einzelne Erfahrung im Leben des Jakob festgehalten ist, müssen viele Sterbende mehrfach durchleiden. Der Kampf mit Gott und das Ringen mit dem eigenen Schicksal sind nicht unbedingt eine Frage des Augenblicks oder die Angelegenheit einer bestimmten Phase des Sterbeprozesses. Vielmehr begleitet diese Auseinandersetzung oft das ganze Sterben und ist selbst ein Prozess, der nur schwer an einen Endpunkt kommt. Betroffene werden immer wieder und mit unterschiedlicher Intensität davon eingeholt und begleitet. Der Kampf kommt wie ein Dieb in der Nacht und fordert sein Recht. Meist bleibt jeder Versuch, sich dem zu entziehen oder sich davon abzulenken, ohne Wirkung. Eine tiefgreifende Auseinandersetzung solcher Art bleibt selbstverständlich nicht ohne Auswirkungen auf den Körper. Die ohnehin oft schon Geschwächten sind davon vielfach sichtbar gezeichnet und in Mitleidenschaft gezogen.

In der Begleitung eines jungen Mannes, der seine todbringende Krankheit nicht annehmen wollte und deshalb immer wieder intensiv mit sich und seinem Gott rang, hatten wir vereinbart, dass er uns mit dem Aufstellen der Bildkarte »Jakobs Kampf am Jabbok« ein Zeichen dafür gibt, dass ihn sein innerer Kampf wieder eingeholt hat. So war es beim Betreten seines Zimmers direkt möglich, seine Stimmungslage zu erkennen und seinen Vorstellungen entsprechend zu reagieren. Er wollte dann nicht gestört werden und nicht sprechen müssen. Zuvor hatte es oft Situationen gegeben, in denen sein Schweigen und sein finsterer Gesichtsausdruck falsch gedeutet und beantwortet worden waren. Das bot Anlass für Missverständnisse und heftige Konfrontationen. Das Sieger Köder-Bild stand seitdem häufig und oft überraschend an seinem Bett. Immer wieder überfielen ihn seine

Gedanken, auch dann, wenn er selbst davon überzeugt war, dass sie endgültig überwunden worden seien. Meistens konnte man an seiner körperlichen Konstitution und seinen Augen erkennen, wie sehr er von dieser Auseinandersetzung in Anspruch genommen und geschwächt war. Wenn er so kämpfte, konnte man nur still an seiner Seite sitzen.

Zwei Tage vor seinem Tod stellte er zum letzten Mal die Karte auf. Die verbleibenden Stunden seines Lebens waren vom Kampf mit dem Schicksal und mit Gott gekennzeichnet, und wir konnten das Bild Sieger Köders erst dann wieder wegnehmen, als ihm schließlich der Tod den Frieden brachte.

Erfahrungen wie diese machen bewusst, dass selbst ein schon zu Ende geglaubter Kampf neu aufbrechen und dass er bis zum Tod bestehen bleiben kann. Nach oft schmerzlich erlittenen Stunden innerer Anfeindung und verzweifelten Kampfes mit Gott haben viele Betroffene Angst vor einer Wiederholung. Dennoch müssen manche erleben, wie dieses Ringen kein Ende nimmt und die Seele nicht zur Ruhe kommt. Immer wieder stehen sie vor dem gleichen unüberwindbar scheinenden Berg von bohrenden Fragen und quälenden Zweifeln. Sie finden – ohne dass es dafür eine sichere Erklärung gibt – nicht in die Versöhnung mit ihrem Schicksal und mit ihrem Gott und lassen dabei unglaubliche Kräfte.

Eine Wegbegleitung ist hier oft hilflos, denn vieles muss vermutlich zwischen den Betreffenden und ihrem Gott alleine ausgemacht werden. Man kann die Gelegenheit zum Gespräch schaffen, Fragen stellen, Anregungen geben, vom eigenen Gottesbild reden oder den Weg in die sakramentale Versöhnung ebnen, aber zumeist bleibt nur wenig mehr, als das Angebot zu machen, den so Leidenden nicht mehr allein zu lassen, damit ihn die Angst und das kräftezehrende Ringen nicht in der Einsamkeit überfallen können.

Die Stunden des Kampfes können aber auch ein glücklicheres Ende finden, wie die Jakobserzählung zu berichten weiß und wie es das Bild Sieger Köders in Details vermittelt. Der Jabbokfluss und der Kampf mit Gott sind die Hindernisse, die Jakob überwinden muss, um vom einen Flussufer, das für sein altes und zu großen Teilen oberflächliches Leben steht, an das andere Ufer zu gelangen. Dort erwartet ihn – verheißungsvoll im Morgenrot angedeutet – ein erfülltes Leben im Land seiner Väter. Jakob lässt beim Durchschreiten des Flusses und dem Kampf mit Gott viele Kräfte, aber er geht aus diesen Herausforderungen als Mensch geläutert und positiv verändert hervor. Er gewinnt ein tragfähiges Verhältnis zu seinem Gott und findet einen neuen Bezug zu seinem Leben. Jakob erreicht das andere Ufer und heißt von diesem Augenblick an nicht mehr Jakob, sondern »Israel«. Ein neues Leben beginnt!

Ohne diese Jakobserzählung oder das entsprechende Sieger Köder-Bild zu kennen, schilderte ein Sterbender am Morgen nach einer schlaflosen Nacht seinen Kampf mit Gott: »Es klingt ganz unglaubwürdig, aber ich habe mich heute Nacht mit Gott geschlagen. Mit einer unendlichen Zahl verbaler Attacken und fieser Beschuldigungen bin ich auf ihn losgegangen. Ich habe ihm um die Ohren gehauen, was ich von ihm halte und dass er für mein Unglück verantwortlich ist. Wie ein Kind, das mit seinen kleinen Fäusten wütend auf den Vater einschlägt, habe ich um mich geschlagen. Mit der Zeit musste ich aber feststellen, wie meine Kräfte langsam nachließen. Meine Klagen wurden schwächer und die Wut leiser. Mir gingen die Worte und Flüche aus, und irgendwann fand ich zur Ruhe zurück. Als mit bewusst wurde, wie ich mit Gott geschimpft und dass ich geflucht hatte, kam die Angst in mir auf, dass mich Gott dafür zusätzlich bestrafen könnte. Ich fürchtete mich wie ein Kind, dass für sein ungehöriges Benehmen eine Tracht Prügel vom Vater erwartet. Doch es geschah nichts. Vielmehr hatte ich den Eindruck, dass Gott meine Erregung und meine innere Not verstand. Glauben Sie mir, es war mir, als hielte er mich ruhig in seinen Händen. Da wurde mir klar, dass ich auf den eingeschlagen hatte, der es gut mit mir meint und der auch in dieser Not für mich da ist. Das war eine beschämende, aber zugleich auch wohltuende Feststellung. Nach diesem nächtlichen Kampf mit meinem Gott war ich körperlich völlig erschöpft, aber innerlich fühlte ich mich gut. Die Angst vor der Verlassenheit ist dem Gefühl gewichen, dass Gott mich begleiten wird. Ich besitze wieder Gottvertrauen und sehe am Ende meines Weges endlich wieder einen Horizont, auf den sich zuzugehen lohnt. Der Kampf in dieser Nacht war hart, aber gut.« Der Mann wirkte müde, wie man es nach einer harten körperlichen Arbeit ist. Aber seine Augen waren lebendig und optimistisch, so wie man sie sich bei Jakob nach dem Kampf mit Gott am Jabbok vorstellen würde, wenn er spricht: »Ich habe Gott von Angesicht zu Angesicht gesehen und bin doch mit dem Leben davongekommen.« (Gen 32,31)

Das Hadern mit dem Schicksal und der Kampf mit Gott bieten dem Betroffenen die Chance, Wut und sinnloses Fragen zu überwinden und zu einem Vertrauen und einer inneren Gelassenheit zu finden, die für das Sterben hilfreich sein können. Wenn Sterbende den Kampf mit Gott hinter sich gebracht und Frieden mit ihm geschlossen haben, kann man die Erfahrung machen, welche Kraft im Glauben liegt. Vielfach sind die Betroffenen dann wie verändert. Sie strahlen eine eigentümliche und wohltuende Ruhe aus, die auf alle Beteiligten große Wirkung entfaltet, weil sie ihren schweren Weg in der gläubigen Gewissheit gehen, dass er an ein gutes Ende führen wird. Sie schauen dem Tod fast gelassen ins Gesicht, weil er zu ihrem Leben gehört und weil sie ahnen, dass er nicht das letzte Wort haben wird, sondern in das Land der Verheißung führt.

»Rahel weint um ihre Kinder«

Im Leid auf Gott vertrauen

Unter den Sterbenden und ihren Angehörigen trifft man immer wieder auf Menschen, die sich in ihrer Not voll Vertrauen an Gott wenden. Sie öffnen ihre Hände und ihr Herz, als ob es für sie eine selbstverständliche und durch viele vorherige Erfahrungen wertvoll gewordene Gewohnheit wäre. Es gelingt ihnen, in einen Dialog mit ihrem Schöpfer zu treten, der für manchen Beobachter geheimnishaft und befremdlich wirken muss. Sie heben im Gebet ihre Trauer und ihren Schmerz in den Himmel. So tragen sie das, was sie beschäftigt und belastet, vor Gott und legen es vor ihm nieder. Ihre Worte sind dabei schlicht und ehrlich und ihre Gesten einfach. Sie machen vor Gott kein Geheimnis daraus, wie schwer die gegenwärtige Situation, die Krankheit und der bevorstehende Abschied vom Leben auf ihren Schultern lasten. Solche Augenblicke der Zwiesprache zwischen Mensch und Gott kennen ganz offensichtlich keine Verstellung, in ihnen findet wahre Begegnung statt. An der Haltung der Betenden lässt sich erkennen, wie sehr sie sich sicher sind, dass ihr Weinen und Reden von Gott verstanden und angenommen wird. Das lässt sie erleichtert und gestärkt aus diesen Begegnungen mit Gott hervorgehen. Ihre Gebete sind wie ein Geben und Nehmen, ein Geben von Dunkelheit, Tränen und Trauer und ein Empfangen von Licht, Hoffnung und Frieden.

Es zeigt sich so oft gerade in den Stunden des Abschiednehmens und des Sterbens, welche Kraft dem Menschen aus dem Gebet zuwachsen kann. Viele, die ein inneres Verhältnis zu Gott besitzen und in ihrem Leben das Beten gelernt und praktiziert haben, finden in ihrer Not Hilfe im Gebet. Sie erfahren dabei in einem Maß Trost und Stärkung, wie es auf anderem Wege kaum vermittelbar erscheint. Wer auf diese Weise immer aus dem Gebet gelebt und Kraft geschöpft hat, verliert etwas Kostbares, wenn er in Folge seiner Erkrankung nicht mehr im Stande ist, seine Gedanken zu sammeln und seine Worte entsprechend zu formulieren. Eine solche Erfahrung bedrückt viele Betroffene und verursacht ihnen eine auch für andere spürbare, innere Unruhe. Sie sind jetzt besonders auf eine Begleitung angewiesen, die dieses geistliche Defizit erkennt und entsprechend zu beheben versucht. Gemeinsames Beten kann hier weit wirkungsvoller als die Verabreichung eines Beruhigungsmittels sein. Das laute Vorsprechen etwa von bekannten Gebeten, oder das Singen von Kirchenliedern erschließt den Betroffenen wieder einen Weg in das persönliche Gebet. Oft bewegen sie dabei ihre Lippen leise mit und finden durch das Eintreten in diese geistlichen Dimensionen unmittelbar zu ihrer inneren Ruhe zurück.

Ein Beispiel:

Zur ersten Krankensalbung, die ich als Priester spenden durfte, wurde ich in ein Krankenhaus gerufen. Dort lag nach Angaben der Station eine Frau im Sterben, die sich bereits mehrere Tage im Delirium befand. Als ich das Krankenzimmer betrat, fand ich dort neben der unruhig atmenden Sterbenden auch ihre Tochter und ihren Schwiegersohn vor, die in den letzten Tagen abwechselnd Wache am Bett gehalten hatten. Nach Auskunft der Angehörigen war die Patientin eine tiefreligiöse Frau, die ihr ganzes Leben lang aus der Kraft des Glaubens gestaltet und ihre Familie religiös geprägt hatte. Wir begannen die Feier der Krankensalbung mit einem gemeinsamen Lied und setzten sie mit einer kurzen Textlesung, einem Antwortgesang und dem Dankgebet über das Öl fort. Als ich zur Salbung mit meinem Finger die Stirn der Sterbenden berührte, öffnete sie – zu unserer Überraschung – die Augen und vollzog betend den weiteren Verlauf der Salbungshandlung mit. Als wir anschließend mit unseren Händen einen Kreis bildeten und das »Vater unser« sprachen, bewegte sie dabei sichtbar die Lippen. Schließlich summte sie sogar das Schlusslied »Maria, breit den Mantel aus« mit. Nach der Krankensalbungsfeier forderte sie uns auf, ihr beim Aufrichten behilflich zu sein. So im Bett sitzend nahm sie meine Hand und sagte: »Es war höchste Zeit, dass Sie kamen. Ich habe darauf gewartet. Es hat gut getan.« Dann wandte sie sich an ihre Angehörigen. Sie freute sich, dass die beiden Menschen, die ihr am wichtigsten waren, an ihrem Bett saßen, und sie betonte, wie sehr sie gespürt hatte, dass sie in den vergangenen Tagen nie alleine war und man mit ihr gebetet hatte. Es waren sicherlich einige Minuten, die sie hell wach und geistesgegenwärtig mit uns sprach. Immer wieder hob sie dabei hervor, dass nun nach dem Empfang der Krankensalbung alles für sie Notwendige geregelt sei und sie sich entsprechend auf den Tod vorbereitet fühlte: »Jetzt kann ich vor meinen Heiland treten!« Schließlich verabschiedete sie sich von ihren Angehörigen, sie dankte ihnen und wünschte ihnen Gottes Segen für die Zukunft. Dann schloss sie die Augen und schlief wieder ein. Sie lag jetzt ruhig und entspannt in ihrem Bett. Zwei Stunden später starb sie.

Nicht immer jedoch garantiert ein geistliches Leben den Betroffenen einen souveräneren Umgang mit dem Leid oder eine leichtere Annahme des Todes. Auch spirituellen Menschen bleiben Verzweiflung und Angst nicht erspart. Manche machen sogar die schmerzliche Erfahrung, dass das Gebet sie gerade in den Stunden der Todesangst nicht mehr trägt. Ihr Gebet war möglicherweise bisher zu wenig ehrlich oder zu selten durch die Not herausgefordert. Manchmal aber bäumt sich auch das Innere so sehr gegen das Schicksal auf und ist die Fülle des Leids so unüberschaubar groß, dass dadurch der Weg zu Gott verständlicherweise wie versperrt erscheint. Die Betroffenen leiden vielfach darunter, dass zu dem Leid ihrer Krankheit noch erschwerend hinzu kommt, dass ihr Verhältnis zu Gott gestört ist, aus dem sie bisher immer Hoffnung und Widerstandskraft schöpfen konnten. Diese Not zu erkennen, ihr mit Verständnis zu begegnen, den Sterbenden das schlechte Gewissen zu nehmen und ihnen wieder Wege in das Gebet zu erschließen, ist eine schwierige Herausforderung für jeden Wegbegleiter.

In diesem Zusammenhang steht folgende Erfahrung:

Ein sterbender Priester vertraute mir einige Wochen vor seinem Tod an, dass ihm das Beten nicht mehr gelinge und ihm der innere Bezug zu Gott verloren gegangen sei. Er war von dieser Feststellung zutiefst erschüttert. Das Gespräch mit seinem Gott hatte ihn jahrzehntelang in seinem priesterlichen Dienst getragen und seinem alltäglichen Leben Struktur gegeben. Unzählige Menschen hatten durch ihn einen Weg zu Gott gefunden und sich mit ihren Anliegen seinem Gebet anvertraut. Jetzt war, wie er es selber nannte, »Funkstille« zwischen ihm und dem Himmel. Das erfahren zu müssen und jetzt auf die Unterstützung eines jüngeren Mitbruders angewiesen zu sein, um einen neuen Zugang zu Gott zu finden, war ihm nicht leicht. Wir haben viele Stunden zusammen in Stille oder im gemeinsamen Gebet verbracht. Oft bat er mich, meine persönlichen Gebete laut zu sprechen, damit er sich ihnen anschließen und sich von ihnen mitnehmen lassen konnte. Mit der Zeit entdeckte er das Gebet zu seinem Gott wieder. In dem Maß, wie das geschah, wurde er ruhiger und zufriedener. Der Priester ist schließlich mit gefalteten Händen und betend gestorben. Mir selbst bleibt dieser gemeinsame Weg unvergesslich, nicht zuletzt weil ich im Verlauf dieser Zeit selber anders zu beten gelernt habe. Das gemeinsame Gebet war also, wie in so vielen anderen Situationen auch, für den Sterbenden und den Begleiter gleichermaßen fruchtbar.

Viele Sterbende, gerade auch die weniger religiösen Menschen unter ihnen, belastet es, dass ihnen das Gespräch mit Gott schwer fällt oder unmöglich ist. Sie sehen sich mit ihrem Tod Gott näher kommen und spüren, dass ihnen der innere Bezug zu ihm fehlt. Manche drängt die innere Not förmlich dazu, das Gebet zu suchen. Doch viele sind damit überfordert, diesen Wunsch in die Tat umzusetzen. Ihnen fehlen die Erfahrung und das Wissen, wie sie das anfangen sollen. Sie sind deshalb darauf angewiesen, dass ihnen andere das Angebot machen, für sie oder mit ihnen zusammen zu beten. Manche Sterbende warten geradezu darauf! Als Priester erlebt man immer wieder, dass man bei Besuchen auf den Krankenzimmern unerwartet von angeblich unreligiösen oder konfessionslosen Zimmernachbarn an das Bett gerufen wird, um mit ihnen ein Gebet zu sprechen oder ihre Anliegen mitzunehmen. Viele drängen nach einer so unverhofften Begegnung sogar ausdrücklich darauf, wieder besucht zu werden und erneut die Gelegenheit zum Gebet oder zu einem religiösen Gespräch zu erhalten. Das zeigt einmal mehr, dass man die religiösen Bedürfnisse vieler Menschen falsch einschätzt. Weder die Religions- oder Konfessionszugehörigkeit auf dem Papier noch manche salopp dahergesagten Sprüche über Glauben und Kirche geben sichere Auskunft über die Gesinnung oder die innere Haltung eines Menschen. Vielfach verbergen sich hinter dem Austritt aus der Kirche oder dem Mangel an religiöser Orientierung weniger bewusste Entscheidungen als vielmehr tragische Lebensgeschichten und trostlose Erfahrungen. Wenn man hier bereit ist, scheinbare Hindernisse zu überwinden und auf Menschen zuzugehen, kann man nicht selten erleben, wie sich die Kraft des Gebetes und des Glaubens gerade dort entfaltet, wo andere und auch man selbst es nicht angenommen hätten!

Das Bild Sieger Köders »Rahel weint um ihre Kinder« thematisiert auf ausdrucksstarke Weise die Wirkung des Gebetes. Rahel findet im Alten Testament beim Propheten Jeremia Erwähnung. Sie beweint als Ahnmutter stellvertretend für die zahllosen verwaisten Mütter ihres Volkes die von den Assyrern umgebrachten oder deportierten Angehörigen der Rahelstämme Josef und Benjamin. Rahel bringt im Gebet ihre Klage und ihre Trauer ins Wort, und sie erhält dabei von Gott die Antwort: »Verwehre deiner Stimme die Klage und deinen Augen die Tränen! Denn es gibt einen Lohn für deine Mühen.« (Jer 31,16) Der Lohn, den Rahel für ihr Gebet und ihr Gottvertrauen erhält, ist in einigen Bilddetails angedeutet: Licht fällt auf ihr Gesicht, Rosen blühen als Zeichen der Hoffnung, und die Taube symbolisiert den nahen Frieden. Was Rahel als Lohn erhält, erleben viele als Frucht des Gebetes: Es durchbricht die Dunkelheit, vermittelt Hoffnung und schenkt inneren Frieden.

Die Sehnsucht nach einer Berührung mit dem Göttlichen, die viele Sterbende und ihre Angehörigen haben, und die zahllosen religiösen Fragen, die in der Konfrontation mit Leid und Tod aufkommen können, heben die Bedeutung hervor, die eine geistliche Begleitung der Betroffenen haben kann. Das Angebot einer religiösen und spirituellen Betreuung kann neue Dimensionen erschließen helfen und zusätzliche Kräfte vermitteln. Es darf deshalb kein Privileg derer sein, die sich explizit als religiös bezeichnen, wenn man den Menschen nicht mögliche Hilfeleistungen vorenthalten will. Wegbegleiter Sterbender, Ärzte und Pflegepersonal sollten das im Blick haben. Sofern sie nicht selbst spirituell leben und in ihrem Glauben verwurzelt sind, sollten sie den Betroffenen anbieten, sich um die

Vermittlung entsprechender Kontakte zu bemühen. Bei der Auswahl solcher Gesprächspartner muss man jedoch sehr genau wissen, was man unter Spiritualität und Religiosität versteht, und darauf achten, dass sie eine der Situation angemessene Zurückhaltung besitzen. Manche spirituellen Ansätze sind schließlich so überzogen und verdreht, manches religiöse Gedankengut ist so absurd und manches Sendungsbewusstsein so penetrant und respektlos, dass man gerade Sterbende vor einer solchen Konfrontation und Beeinflussung schützen muss.

V.
BILDER DER KRISE UND DES NAHEN TODES

»Erdenfall«

Der Kampf geht verloren

Der Weg zum Tod ist zumeist von einem Auf und Ab geprägt. Viele Sterbende durchlaufen eine zahllose Fülle von Tiefpunkten und erleben immer weniger unbelastete Augenblicke. Die Abstände zwischen den Täler werden dabei immer geringer. Sich von den demoralisierenden Rückschlägen zu erholen und sich erneut aufzuraffen, kostet sie jedesmal mehr Energie und Überwindung. Die kontinuierlich schwindenden Körperkräfte stehen einer beständig wachsenden Belastung gegenüber. Manchmal macht es zwar über weite Strecken den Anschein, als schöpften die Betroffenen aus scheinbar unermesslichen Ressourcen immer neue Kräfte, um Rückschläge zu überwinden, und doch wissen alle Beteiligten und unter ihnen die Sterbenden am meisten, dass dies nicht wirklich so ist. Allen ist klar: Es wird unweigerlich der Zeitpunkt kommen, an dem die körperliche Kraft aufgezehrt sein wird. Ob der Weg mit Tapferkeit oder in Verzweiflung gegangen wird, ob sich die Betroffenen gegen ihr Schicksal aufbäumen oder sich ihm ergeben, das Ziel des Weges ist unausweichlich der Tod.

Jesus macht auf seinem Kreuzweg die gleichen Erfahrungen. Seine Kräfte werden unter der schweren Last des Kreuzes beständig schwächer. Die Tradition überliefert, dass er auf dem Weg dreimal zusammengebrochen ist. Viele Kreuzwegbilder zeigen, wie es ihm dabei stets mühsamer wird, sich wieder aufzurichten und das Kreuz weiterzutragen. Wahrscheinlich steht die Symbolzahl »drei« dabei noch für eine weit größere, vielleicht sogar für eine nicht zählbare Anzahl von Zusammenbrüchen auf dem Weg zum Tod. Jesus trägt sein Kreuz mühsam, aber tapfer den Berg herauf. Doch alle seine Bemühungen werden nichts daran ändern, dass er dem Tod nicht entkommen kann. Es wird keine Gnade und keine Rettung geben.

Was in den verschiedenen Stationen der Leidensgeschichte Jesu geschildert wird, besitzt bis in die Details eine unglaubliche Nähe zu dem, was viele Sterbende erleben müssen. Für sie bedürfen die Kreuzwegbilder deshalb vielfach keiner Erklärung, denn sie kennen das Beschriebene aus eigenem, leidvollen Erleben. Das ist schließlich der Grund dafür, weshalb sich Sterbende leicht und für sie hilfreich mit dem Jesus der Passion identifizieren können. Sie finden sich, ihre Situation und ihre Empfindungen in seinem Kreuzweg wieder. Was sich von ihnen oft nur schwer in eigene Worte fassen und anderen vermitteln lässt, ist so tausendfach ins Bild gebracht: »*Ja, wie man es hier sieht, so fühle ich mich!*«

Besonders eindrucksvoll und vielsagend ist mit Blick auf die im Sterbeprozess schwindenden Kräfte und die wachsende Resignation die Darstellung des dritten und letzten Falls Jesu im Kreuzweg von Sieger Köder. Es ist nicht irgendein Fall unter dem Kreuz, es ist der Fall, von dem Christus aus eigenen Kräften nicht mehr aufstehen wird. Seine körperlichen Energien sind völlig aufgebraucht! Das Leid hat ihn in die Knie und schließlich ganz zu Boden gezwungen. Sein Kampf mit dem Kreuz ist verloren. Jesus hat der Gewalt seines Leidens nichts mehr entgegenzusetzen. Er ist zur Passivität verurteilt. Von jetzt an kann er nur noch alles erdulden und den Augenblick abwarten, der endlich die Erlösung bringen wird.

Die Situation, die Sieger Köder hier ins Bild setzt, ist für die meisten Betroffenen, die Ähnliches erleben, besonders schmerzhaft. Ein Zusammenbrechen, wie es beim dritten Fall Jesu unter dem Kreuz dargestellt wird, ist anders und schlimmer als alle bisherigen Einbrüche im Krankheitsverlauf. Von diesem Moment an gibt es kein Aufbäumen und keinen Funken Widerstandskraft mehr. Der gefürchtete Zustand äußerster Ohnmacht ist erreicht. Der Sterbende ist, um es in der Bildersprache Sieger Köders auszudrücken, wie in einer Mausefalle gefangen und dem weiteren Lauf der Dinge ausgeliefert. Ihm bleiben nur noch das Warten auf den Tod und die Hoffnung, dass er gnädig mit ihm ist. Vielfach ist diese noch verbleibende Hoffnung auf eine gute Sterbestunde der einzige Lichtblick, der sich auf der Oberfläche des Leids abzeichnet. Aber auch das bleibt im Letzten kraftlos, ist doch ungewiss, wie lange sich der Tod Zeit lassen und was auf dem weiteren Weg noch alles geschehen wird. Der äußeren Ohnmacht und Perspektivelosigkeit folgt ein zerreißendes und deprimierendes Gefühl innerer Ohnmacht. Dumpfe Müdigkeit und angsttreibende Verzweiflung machen sich breit. Man möchte mit dem Psalmisten sprechen: »Ein Wurm bin ich und kein Mensch« (Ps 21,7).

Viele Sterbende erreichen diesen Zustand, wenn sie endgültig ihr Bett nicht mehr verlassen können. Sie spüren, wie ihnen jede Körperbewegung schwer fällt, und merken, dass ihnen selbst das Nachdenken mühselig wird. Alles Frohe und Heitere in der Umwelt wird für sie ausdruckslos und nichtssagend. Selbst die Sonne und das Tageslicht trüben sich ein und versinken im Dunkel der aussichtslosen Lage. Die meisten Betroffenen bemühen sich mit aller Gewalt, diesen Augenblick herauszuzögern. Sie zwingen und quälen sich aus dem Bett und gehen ein paar Schritte, nur um sich und anderen zu beweisen, dass ihr Kampf noch nicht verloren ist. Um so bedrückender erleben sie den Augenblick, an dem das Gegenteil offenkundig wird. Davor fürchten sich die Betroffenen oft mehr als vor dem Tod selbst. Es ist eine dramatische Station auf dem Sterbeweg, wenn völlige Hilflosigkeit und Ohnmacht eintreten und sich der Tod unmittelbar anmeldet.

Das Sieger Köder-Bild »Erdenfall« vermittelt etwas, was sich ein Außenstehender und nicht unmittelbar Betroffener kaum vorstellen kann. Als Begleiter nimmt man vielfach die Nuancen der Veränderung im Krankheitsbild des Sterbenden nicht so differenziert wahr und gewichtet sie anders als der Betroffene selbst. Man wundert sich, weshalb der Schwerstkranke plötzlich so verändert und zusätzlich niedergeschlagen ist. Man fragt sich, was geschehen sein kann. Häufig ist dem Sterbenden dann bewusst geworden, dass seine Kräfte endgültig aufgebraucht sind und der Kampf verloren ist. Diese Erfahrung hat ein unvergleichbares und niederschmetterndes Gewicht und wirkt sich deshalb zumeist auf das Verhalten der Sterbenden unmittelbar aus. Sie weinen oder haben versteinerte Gesichtszüge, sie stieren auf eine Stelle oder weichen jedem Blick aus, sie schweigen oder sind bewegungslos. Wenn man sich in ihre Lage hineinversetzt – und das Bild Sieger Köders erleichtert das – , mag man erahnen und nachvollziehen, was es für einen Menschen bedeuten muss, wenn er plötzlich realisiert, dass ihm nichts Anderes mehr bleibt, als auf den Tod zu warten. Dass diese Feststellung Auswirkungen auf die Stimmungslage und die Haltung eines Menschen haben kann, ist wohl nachvollziehbar. Wo man das ausreichend bedenkt und diese Veränderung sensibel wahrnimmt, bringt man vermutlich den so Gedemütigten und Demoralisierten noch mehr Verständnis und Geduld entgegen.

Auch Angehörige und Begleiter fürchten sich mit den Sterbenden vor dem Augenblick, an dem der Krankheit nichts mehr entgegenzusetzen sein wird. Sie wissen, dass die Zeit weniger wird und der endgültige Abschied näher rückt. Sie betreten zunehmend zögerlicher das Krankenzimmer und ängstigen sich davor, den Sterbenden ähnlich ohnmächtig und am Boden zerstört zu erleben, wie es das Bild Sieger Köders von Jesus zeigt. Sie wissen nicht, wie sie diesen Anblick ertragen können und ob sie der Situation gewachsen sein werden, und hoffen deshalb, dass dieser Augenblick noch nicht gekommen ist. Mit Rücksicht auf diese verständliche Angst und mit Blick auf die Wirkung, die die Reaktion Angehöriger auf den Sterbenden haben kann, sollte man deshalb darauf bedacht sein, Angehörige vor ihrem Besuch bei dem Patienten auf mögliche Veränderungen im Krankheitsverlauf und neue Symptome aufmerksam zu machen und sie entsprechend darauf vorzubereiten. Auf diese Weise können Unsicherheiten vermieden und Verzweiflung und Ratlosigkeit frühzeitig aufgefangen werden.

Eine sichtbare Not, wie sie im »Erdenfall« dargestellt ist, in die der Sterbende durch den Zustand völliger Ohnmacht und Kraftlosigkeit gerät, verlangt eigentlich nach sofortiger Hilfe. Doch eine Hilfe, die das verändern könnte, ist hier in aller Regel nicht mehr möglich. Auch Angehörige, Begleiter und Ärzte sind dann machtlos. Wenn der Kampf des Sterbenden gegen die Krankheit und das Leid verloren geht und seine Ressourcen aufgebraucht sind, haben auch sie verloren. Das ist ein schwerer Augenblick und eine herbe Niederlage für alle Beteiligten. Je mehr man an den Sterbenden emotional gebunden ist, um so schmerzhafter ist es, das ansehen zu müssen! Da hilft es oft nur, wenn die Betroffenen sich nicht gegenseitig etwas vormachen, sondern ihre Verzweiflung und ihre Ohnmacht miteinander teilen, wenn sie zusammenstehen und sich gegenseitig zu stützen versuchen. *»Mit Eurer Hilfe werde ich auch diese letzte Wegetappe schaffen«*, waren die Worte eines Sterbenden an seine Begleiter in einer ähnlichen Situation. Es bleibt nur, die Grenzen des Möglichen hinzunehmen und das zu tun, was noch möglich ist und bleibt. Sterbende brauchen jetzt besonders das Gefühl, dass sie sich auf die Menschen in ihrer Umgebung verlassen können. Sie fürchten sich vor dem Alleinsein. Die treue Nähe ihrer Wegbegleiter kann das übermächtige Gefühl der Unsicherheit und Angst mindern und ihnen die Gewissheit vermitteln, dass sie – anders als Jesus in seiner Verlassenheit und Ohnmacht auf seinem Kreuzweg – nicht der Willkür ausgeliefert, sondern von der sorgenden Liebe vertrauter Menschen umgeben sein werden.

In der Ohnmacht festgehalten und ausgesetzt

Im Sterbeprozess hält der Zustand bedrängender Ohnmacht oft lange an. Der Tod lässt nicht selten auf sich warten, und vieles kann diese Zeit des Wartens unerträglich und schwer machen. Manchen Sterbenden bleibt auf ihrem Weg zum Tod nichts erspart! Wenn auch durch die moderne Palliativmedizin in den meisten Fällen die Schmerzen gelindert oder genommen werden können, so zeigen manche Krankheitsverläufe ein gnadenloses Symptombild: Erbrechen, Atemnot, Verwirrtheitszustände und vieles mehr. Jedes hinzukommende Symptom verschärft den Leidensdruck und nagelt den Sterbenden noch mehr an das Kreuz der Ohnmacht und Wehrlosigkeit. Eine erneute Verschlechterung des Zustands ist wie ein weiterer Schlag auf den ohnehin schon ausgezehrten Körper, das aufgeriebene Nervensystem und die geschundene Seele. Immer mehr Signale machen quälend und langsam den näher kommenden Tod bewusst.

Die letzte Phase des Sterbens bedeutet für viele Betroffene, sich kaum mehr bewegen und sich nur unzureichend artikulieren zu können. Diese Hilflosigkeit macht Angst, denn der Mensch ist jetzt anderen vollkommen ausgeliefert und ganz von der Hilfe anderer abhängig. Er kann weder dem Tod noch einem sich ihm nähernden Menschen ausweichen. Er weiß, dass er sich im Zweifel nicht einmal mit Worten schützen oder wehren könnte. Besonders wenn man die Augen wegen der körperlichen Schwäche kaum mehr öffnen kann und allein auf das Hören angewiesen ist, wächst das Gefühl der Unsicherheit, schließlich lässt sich die Ursache vieler Geräusche nicht genau bestimmen. Das verunsichert. Diese bedrängende Situation veranlasst viele Sterbende, alles in ihrer Umgebung ängstlich und gespannt zu verfolgen und vieles als Bedrohung zu empfinden. Plötzliche Bewegungen und unerwartete Geräusche können sie stark beunruhigen und aufschrecken lassen. Leider findet dies nur selten Berücksichtigung. Viele Schwerstkranke und Sterbende sind im Pflegealltag einer unendlichen Hektik und zahllosen indifferenten akustischen Signalen ausgesetzt, die Angst machen müssen.

Die ungewöhnliche Perspektive, mit der Sieger Köder in seinem Bild »Angenagelt – der letzte Blick« die Annagelung Christi darstellt, versucht dem Betrachter das Gefühl der völligen Hilflosigkeit eines Sterbenden nahezubringen. Er sieht die Szene der Annagelung aus dem Blickwinkel Jesu und wird damit in die Situation des Sterbenden versetzt, der wehrlos zusehen muss, wie ihm die Nägel ins Fleisch getrieben werden. Das kann helfen, das Empfinden äußerster Ohnmacht ansatzhaft nachzuvollziehen und zu verstehen. Wer sich auf diese Sichtweise einlässt, ob nun mit Hilfe des Bildes oder mittels der eigenen Phantasie, und überdies realisiert, dass die Wirklichkeit um ein Vielfaches schlimmer ist als die menschliche Vorstellungskraft, den muss die Not dieser Lage betroffen machen und erschüttern. Diese Übung ist hilfreich und sensibilisierend für jeden, der sich in irgendeiner Weise der Aufgabe einer Sterbebegleitung stellt. Sie müsste zur Pflichtübung werden, damit man Sterbenden mit noch größerer Umsicht und Sensibilität begegnet.

Der Blick aus der Perspektive des Betroffenen macht deutlich: Der Sterbende ist häufig in kaum noch zu steigernder Weise ausgesetzt und ausgeliefert. Er kann weder einem Blick ausweichen noch einer Berührung entgehen. Er wird angesehen und angefasst, ohne es verhindern zu können. Wie im Sieger Köder-Bild beugen sich Nahestehende und Fremde, Helfer und Bedränger über das Bett von Sterbenden und drängen sich so in ihr Blickfeld. Sie sehen fragend, neugierig, mitleidig, entsetzt oder liebevoll auf die Betroffenen herab. Den Sterbenden bleibt nichts anderes übrig, als sich das gefallen zu lassen und hinzunehmen, dass sie zu einem Betrachtungs- und Untersuchungsobjekt geworden sind. Manchmal – auch das ist im Bild wiederzufinden – stehen gleich mehrere Leute gleichzeitig wie eine Mauer um sie herum und in ihrem Sichtfeld. Nicht selten tuscheln die Umstehenden miteinander oder reden ganz ungehemmt über den Sterbenden und seine Situation. Sie beraten sich, und nicht selten wagen es Anwesende sogar, Prognosen darüber abzugeben, wie lange der Tod noch auf sich warten lässt. Diese bedrängende Distanzlosigkeit und Rohheit macht Angst und weckt in den Betroffenen die sorgenvolle Frage: *»Was wollen die?«* – *»Was werden sie mit mir tun?«* Es ist den meisten Menschen von Natur aus äußerst unangenehm, wenn ihnen andere zu nahe treten, wenn man über sie spricht und über ihre Köpfe hinweg Entscheidungen trifft. Wie bedrängend muss Ähnliches deshalb besonders von denen erlebt werden, die keine Rückzugsmöglichkeit und keine Widerstandskraft mehr besitzen!

Aus diesen Beobachtungen lässt sich ableiten, was in der Begleitung Sterbender von Ärzten, Pflegekräften, Hospizhelfern und Angehörigen gleichermaßen zu beachten ist. Man muss besonders auf die Wehrlosigkeit und Ohnmacht Sterbender Rücksicht nehmen und sollte in jedem Fall die Umgangsformen und Verhaltensregeln wahren, die auch sonst üblich

»Angenagelt – der letzte Blick«

sind. Dazu zählt vor allem ein der Situation und der Qualität des zwischenmenschlichen Kontakts angemessenes Verhältnis von Nähe und Distanz. Gerade was körperliche Berührungen betrifft, beispielsweise das Streicheln des Gesichts oder der Hände, sollte man besonders dann zurückhaltend sein, wenn die Beziehung zum Sterbenden zuvor diese Form des Kontaktes nicht kannte. Auch Mitleid und Hilfsbereitschaft berechtigen nicht dazu, solche Grenzen zu überschreiten. Entscheidend ist ausschließlich der Wille und die Zustimmung des Betroffenen. Deshalb ist hier ein hohes Maß an Sensibilität und wacher Aufmerksamkeit für die Reaktionen der Betroffenen gefordert, wenn man die richtigen und angemessenen Umgangsformen finden möchte. Das um so mehr in den Situationen, in denen sich Betroffene nicht mehr direkt artikulieren können und man ihren Willen und ihre Wünsche an ihrem Verhalten ablesen muss. Als Regel ist wichtig und grundlegend, dass der Sterbende niemals zu einem Objekt werden darf, weder zum Gegenstand der Neugier noch des guten Willens, weder der ungezügelten Emotionalität noch der Zudringlichkeit, weder der Unbeherrschtheit der Gesichtszüge noch der Unbedarftheit seiner Mitmenschen. Der Sterbende bleibt immer Subjekt, ein Mensch mit Würde und mit dem Recht auf eine würdevolle Behandlung. Die Distanzlosigkeit aber macht den Sterbenden zum Objekt der Aufdringlichkeit, und ein Mangel an Nähe lässt ihn zum Objekt der Schaulust werden. Nur angesehen zu werden und eine unüberwindbare Distanz zwischen sich und seinen Mitmenschen erleben zu müssen, ist für viele Sterbende genauso bedrängend wie manche Formen aufgezwungener Nähe. Das Bild Sieger Köders zeigt auch das: Nicht einer der Umstehenden durchbricht die Angst machende Einsamkeit des sterbenden Christus. Viele Sterbende machen ähnliche Erfahrungen. Sie warten vergeblich auf ein Angebot menschlicher Nähe und Zuwendung, ohne dabei immer selbst genau zu wissen, was in dieser Lage hilfreich und wirkungsvoll sein könnte. Gerade wenn die Betroffenen keinen Blickkontakt mehr zu ihren Mitmenschen aufnehmen können, sind sie auf entsprechende Worte und Berührungen angewiesen. Gleichwohl fürchten viele, in dieser Situation überfordert und bedrängt zu werden. Daran wird erkennbar, wie schwierig es ist, die richtigen und angemessenen Ausdrucksformen für Nähe und Nächstenliebe zu finden. In einer solch außergewöhnlichen und ungewohnten Situation muss vielfach erst die richtige »Sprache« zwischen dem Sterbenden und seinen Weggefährten gefunden werden. Das braucht oft Zeit und Geduld bei allen Beteiligten.

Im unteren Bildrand zeigt Sieger Köders »Angenagelt – der letzte Blick«, wie der Soldat mit dem Hammer zuschlägt und so die Nägel in die Hände und Füße Jesu treibt. Die Brutalität dieser Handlung und die zusätzlichen Schmerzen, die sie verursacht, vergrößern das ohnehin schon unerträgliche Leid des Sterbenden. So wird durch einen Außenstehenden dem Leid noch weiteres Leid hinzugefügt. Auch das gibt es immer wieder auf dem Weg Sterbender, dass »Mit«-Menschen das Sterben noch grausamer und würdeloser machen. Die weiße Gewandung des Soldaten lässt in diesem Kontext besonders an die Medizin denken. Manche Therapie ist in diesem Stadium weder eine Erleichterung noch ein Segen. Oft verzögert sie den Tod nur auf besonders qualvolle Weise. Das Sterben geht dann nicht mehr seinen eigenen und »natürlichen« Weg, bei dem die Medizin Linderung verschafft, sondern findet in von der Medizin künstlich festgelegten Etappen statt. Auch davor gilt es Sterbende in der Achtung ihrer Würde zu bewahren. Sie dürfen nicht das Objekt medizinischer Apparaturen, ärztlicher Verlegenheit oder abrechnungstechnischer Strategieüberlegungen werden. Dennoch – um nur ein Beispiel zu nennen – erhalten viele Sterbende auch noch im Finalstadium ihrer Krebserkrankung chemotherapeutische Infusionen, oft mit den damit verbundenen Nebenwirkungen und der zusätzlichen Schwächung ihres Körpers. Hier fragt sich ernsthaft: Wie kann man etwas zu therapieren vorgeben, was sich nicht mehr therapieren lässt? Man sollte den Patienten in solchen Fällen unnötige Torturen ersparen und sich von medizinischer Seite auf eine wirkungsvolle Linderung der Symptome begrenzen, nicht zuletzt deshalb, weil man vielen Sterbenden so kurz vor dem Tod noch falsche Hoffnungen vermittelt, die eine ernsthafte Vorbereitung auf den Tod unmöglich machen.

Wenn man manches berücksichtigt, was bis heute in nächster Nähe Sterbender geschieht und wie man mit ihnen »umgeht«, dann erleben viele Betroffene offensichtlich wie im Bild Sieger Köders am Ende ihres Lebens eine »Sonnenfinsternis«. Ihr letzter Blick trifft vielfach auf eine unwirkliche, düstere und anonyme Welt, in der das (Mit)Gefühl für den Menschen verloren gegangen zu sein scheint.

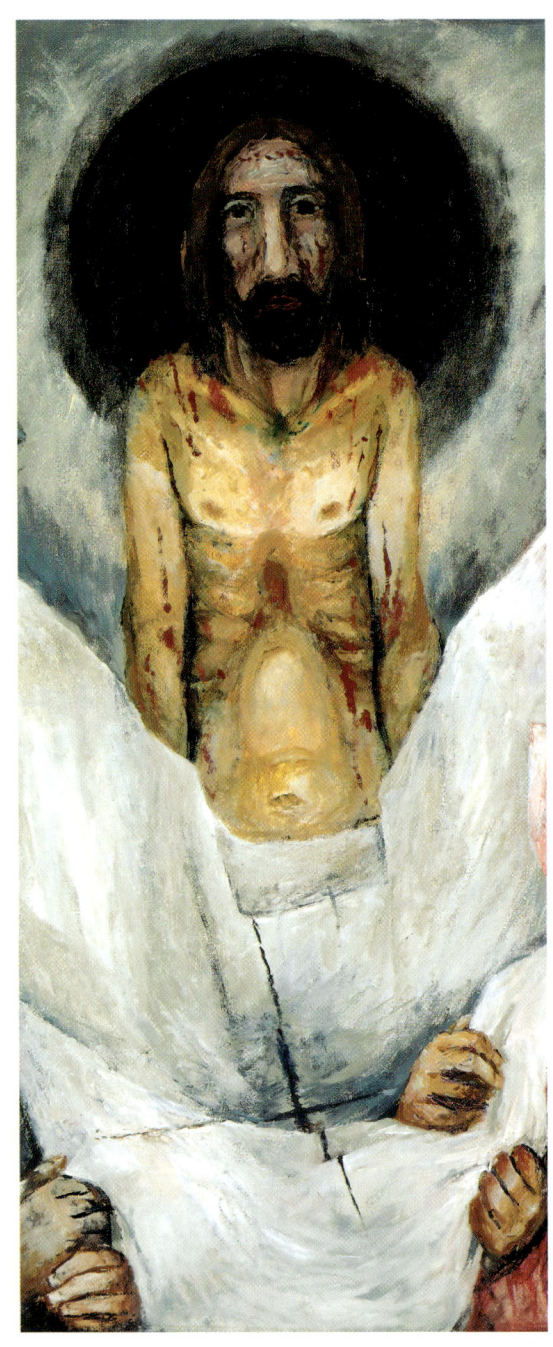

»Raub der Kleider« (Ausschnitt)

»Lasst mir den Rest meiner Würde«

In der zehnten Kreuzwegstation wird Jesus seiner Kleider beraubt (Mk 15,24). Sieger Köder malt diese erschütternde Szene äußerster Demütigung und Entwürdigung des sterbenden Christus in seinem Bild »Raub der Kleider« und formuliert damit eine eindringliche Anfrage an den menschlichen Umgang mit dem Sterben. Die Ohnmacht eines Sterbenden und die Vermutung seiner Weggefährten, dass er, beispielsweise weil er komatisch ist, nicht mehr hören und fühlen kann, provoziert oft ein unglaubliches Ausmaß an menschlicher Gedankenlosigkeit und Rohheit. Viele Betroffene, die im Verlauf ihres persönlichen Kreuzwegs jedes nur denkbare körperliche und seelische Leid erfahren haben, müssen am Ende auch noch erdulden, dass ihnen das Letzte genommen wird, was ihnen geblieben ist: ihre Würde.

Die Anonymität vieler Krankenhäuser und Altenheime, die Überbelastung des Ärzte- und Pflegepersonals und die vielfach in ihrer Ausbildung mangelhafte Sensibilisierung für die Würde des Sterbenden führen oft gerade dort zu unmenschlichen Verhältnissen, wo Betroffene ihren letzten Weg gehen müssen und auf die Fürsorge anderer angewiesen sind. Auch wenn sich nicht zuletzt durch die Verbreitung der Hospizbewegung in den vergangenen Jahren vieles zum Positiven verändert hat, so scheint dennoch zu wenig im Bewusstsein verankert, dass das Sterben ein Teil des Lebens ist. Selbst das scheinbar würdelose und durch die Folgen einer Krankheit oder eines Alterungsprozesses entstellte Bild eines sterbenden Menschen ändert nichts an dessen Würde. Er behält das Recht, auf seinem Weg zum Tod bis zum letzten Atemzug und auch darüber hinaus mit Achtung und Respekt behandelt zu werden. Gerade weil aber der harte Alltag und die Routine auf vielen Pflegestationen und in der häuslichen Pflege das leicht in Vergessenheit geraten lassen, muss diese Grundaussage immer wieder in den Pflegeteams, aber auch mit pflegenden Angehörigen diskutiert werden. Man darf den Schutz der menschlichen Würde gerade in so wehrlosen Phasen des Lebens nicht dem Zufall überlassen, sondern muss aktiv an der Bewusstseinsbildung arbeiten, wenn man dramatische Fehlentwicklungen verhindern will! Das gilt ganz besonders für die medizinischen und caritativen Einrichtungen in christlicher Trägerschaft. Gerade hier sollten die Sterbenden in der Pflege besondere Aufmerksamkeit und in der Begleitung liebevolle Zuwendung erfahren. Kirchliche Krankenhäuser und Pflegeheime müssen gerade hier Prioritäten erkennen lassen und neue Standards schaffen. Sie sollten eine klare Vorstellung von dem haben und prägen, was die Pflege Sterbender verlangt, und ein entsprechendes Konzept von Sterbebegleitung besitzen, das einem christlichen Menschenbild ausreichend Rechnung trägt! Leider ist gegenwärtig die christliche Trägerschaft eines Hauses nicht gleichbedeutend damit, dass in diesen Einrichtungen auch ein christliches Grundverständnis vom Leben und Sterben lebendig ist. Das sollten gerade Sterbende und Angehörige bei der Auswahl der entsprechenden Häuser berücksichtigen und dabei nichts für selbstverständlich ansehen. Es macht Sinn, unabhängig vom Träger das Menschenbild und die pflegerische und ärztliche Praxis einer Einrichtung kritisch zu überprüfen und sich selbst davon zu überzeugen. Ein gewisses Maß an Misstrauen kommt den Betroffenen zugute und wird im Zweifel niemand verübeln, der um die Bedeutung der Auswahl der Pflegeeinrichtung für ein würdevolles Abschied nehmen vom Leben weiß.

Es gibt zahllose Beispiele, die dokumentieren, dass viele Sterbende eine würdelose Behandlung hinnehmen müssen, ohne sich wehren zu können:

Bei einem Besuch in einem Krankenhaus bin ich auf einer Station zufällig an einem Raum vorbeigekommen, hinter dessen angelehnter Tür ein schweres Atmen zu hören war. Als ich nach einem Anklopfen das Zimmer betrat, stand ich wider Erwarten im Ausgussraum der Station. Wo sonst Toilettenschüsseln ausgeleert werden, lag ein Sterbender. Sein Bett passte gerade in dieses erbärmliche Zimmerchen. Der ältere Mann rang nach Luft und atmete schwer. Er war in Schweiß gebadet. Das Fenster, auf das direkt heiße Sommersonne schien, war verschlossen. In dem Raum stand die Hitze, und es war ein atemberaubender Gestank. Auf Nachfrage bei den Schwestern erhielt ich die Auskunft, man habe den Sterbenden in dieses Zimmer stellen müssen, weil seine Unruhe den anderen Patienten seines eigentlichen Zimmers nicht mehr zumutbar gewesen wäre. Man legte zudem Wert auf die Feststellung, dass der Umstand, dass der alte Mann nicht mehr bei klarem Bewusstsein sei und keine Angehörigen mehr habe, den kleinen Raum als hinnehmbar erscheinen ließe.

Eine solche Behandlung ist eines Menschen unwürdig, und es bleibt unverständlich, dass es Menschen geben kann, die nicht selbst zu dieser Einsicht finden.

Weniger drastisch, aber dennoch demütigend und entwürdigend ist der Umgangsstil, der nicht selten Sterbenden gegenüber gepflegt wird. Vielfach verrät schon die Sprache, dass der Sterbende aufgrund seiner Ohnmacht und Hilfsbedürftigkeit nicht mehr ausreichend ernst genommen wird. So passiert es immer wieder, dass man mit Sterbenden wie mit »dummen Kindern« umgeht. Auch werden viele Betroffene mit einem Mal mit dem »Du« oder irgendwelchen Beinamen angeredet. Beides ist völlig unangemessen und erniedrigend! Nicht selten geschieht es auch, dass an Sterbenden pflegerische oder medizinische Maßnahmen vorgenommen werden, ohne dass man sie zuvor darüber informiert und aufklärt. Jedoch ist der Umstand, dass sich ein Sterbender nicht mehr artikulieren kann oder für unselbständig gehalten wird, kein ausreichender Grund dafür, ihn zu entmündigen und wie eine Sache zu behandeln. Er hat zumindest immer einen Anspruch darauf, dass ihm mit den üblichen Umgangsformen begegnet wird und man ihn über das ihm Bevorstehende in Kenntnis setzt. Das um so mehr, als niemand wissen kann, was Patienten in einer solchen Situation wirklich von ihrer Umwelt wahrnehmen. Aber selbst wenn man sicher davon ausgehen könnte, dass die Sterbenden von allem keine Notiz mehr nehmen, dürfte das keinen Einfluss auf ihre Behandlung haben. Alles andere verstößt gegen die unantastbare Würde des Menschen, die in ihrer Gänze immer erst mit dem Tod erlischt und zum großen Teil auch darüber hinaus erhalten bleibt.

Ein ebenso die Würde des Sterbenden berührendes Thema ist der Umgang mit seinem Körper. So hilfreich es für die Pflege sein mag, so würdelos ist es, wenn man Sterbende entkleidet und sie in einem OP-Hemdchen oder halbnackt in das Bett legt. Das grenzt an das biblische Schreckensbild vom »Raub der Kleider«. Gerade mit der Scham der Sterbenden sollte aber respektvoll umgegangen werden. Das betrifft auch und besonders die Körperpflege. Es kommt häufig vor, dass deliriöse und hilflose Patienten in der Anwesenheit anderer gewaschen werden. Sie werden vor ihnen entblößt. Das ist demütigend und unmenschlich! Genauso wenig akzeptabel ist es, wenn Patienten tagelang nicht gewaschen werden und man sie in ihren Exkrementen liegen lässt. Solch eine Behandlung eines Menschen darf niemand akzeptieren, auch nicht, wenn man nur zufällig zum Zeugen wird! Wichtig erscheint in diesem Kontext auch, dass sich die Pflegenden beim Waschen des Genitalbereichs eines Sterbenden ausreichend bewusst machen sollten, wie bedrückend und zum Teil entwürdigend es für einen wehrlosen Patienten ist, wenn er hier von einem Fremden berührt wird.

Vieles von dem, was Sterbenden an respektloser Behandlung widerfährt, muss sie zutiefst verletzen und in ihnen eine unglaubliche Angst hervorrufen: *»Was wird man noch alles mit mir machen?!«* Es ist erschreckend, wie häufig die Hilflosigkeit und das Vertrauen von Menschen gerade angesichts des Todes ausgenutzt wird und wie viele Sterbende auf schlimmste Weise gedemütigt werden.

Bei der Kleiderberaubung Jesu wird überdies noch etwas anderes erwähnt, was ebenso die Würde eines Sterbenden berührt und ihn zur inneren Verzweiflung führen kann. In der biblischen Überlieferung heißt es, die Soldaten hätten unter dem Kreuz die Kleider Jesu unter sich aufteilen wollen und seien sich dabei nicht einig geworden. Sie entschieden ihren Streit durch das Los. Jesus musste mit ansehen und anhören, wie man noch vor seinem Tod nach seiner Habe griff. Auch das hat Sieger Köder dargestellt, wenn die Hände vier unterschiedlicher Personen an den Kleidern Jesu reißen. Vergleichbare Streitigkeiten und Tumulte gibt es am Bett vieler Sterbender. Sie sind seltener, wenn die Betroffenen noch bei vollem Bewusstsein sind. Aber sie sind durchaus häufig, wenn die Beteiligten annehmen, dass die Sterbenden von ihren Differenzen nichts mehr mitbekommen. So wird schamlos über das Erbe gestritten und um Wohnungsgegenstände gefeilscht. Es brennen alte und neue Streitigkeiten auf, die unzweideutig erkennen lassen, dass spätestens mit dem Tod des Sterbenden der Familienfriede beendet sein wird. Zu Nachlassverwaltungen nicht minder geschmackloser Art kommt es am Sterbebett, wenn die Anwesenden ausgiebigst über die Organisation und Gestaltung der Beerdigung sprechen und zu einer stabsabteilungsmäßigen Verteilung der entsprechenden Aufgaben schreiten. Es ist oft unglaublich, wie unsensibel Menschen sein können und wie unzureichend sie realisieren, was sie tun und was das für die Betroffenen bedeutet. Für sie muss es unerträglich und niederschmetternd sein, wenn sie hören können bzw. müssen, was vielfach an ihrem Sterbebett gesprochen wird. So kann nicht verwunderen, dass vieles von dem, was in dieser Situation völliger Ohnmacht geschieht und artikuliert wird, Grund für zusätzliche Unruhe und einen erbitterten Lebenskampf der Sterbenden ist. Vielfach könnten zusätzliche Schmerz- und Beruhigungsmittel vermieden werden, wenn alle Beteiligten mehr auf die Würde des Sterbenden und die Würde des Augenblicks achteten.

Wer einen Sterbenden begleitet, gleich in welcher Funktion, sollte immer die Umstände im Blick behalten, unter denen das Abschied nehmen vom Leben geschieht. Es ist eine zentrale Aufgabe, für den Respekt vor der Würde des Sterbenden mit Sorge zu tragen und das Versprechen zuverlässiger Weggefährtenschaft einzulösen. Besonders Angehörige sollten für die Situation der Betroffenen sensibilisiert sein und wissen, dass eine harmonische und friedvolle Atmosphäre am Sterbebett sich häufig auf den Sterbenden überträgt und auswirkt. Sie sollten – wo notwendig und möglich – im Tod die Veranlassung sehen, für Frieden und Einheit in der Familie und im Freundeskreis zu sorgen. Schließlich warten viele Sterbende geradezu auf solche Versöhnungen am Sterbebett und finden erst dann wirklich zu ihrem Frieden.

»Geteilter Schmerz«

Sich Zeit nehmen für den Abschied

Im Sterbeprozess ist das Abschiednehmen ganz besonders bedeutsam. Man könnte die ganze Wegstrecke bis zum Tod als ein solches Abschiednehmen bezeichnen. Immer wieder erleben und sehen die Betroffenen etwas zum letzten Mal. Aber ein solcher Abschied erfolgt in aller Regel beiläufig und unbewusst. Ohne dass man es vorher hätte ahnen können, sehen sich Menschen nicht mehr wieder. Man hat sich nur ein kurzes »Auf Wiedersehen« gesagt und vieles von dem, was noch wichtig gewesen wäre, auf eine nächste Begegnung verschoben. Doch dann gibt es plötzlich keine weitere Gelegenheit, weil der Sterbende unerwartet nicht mehr ansprechbar oder zwischenzeitlich verstorben ist.

Viele warten aber auch sehr bewusst mit dem Abschied und verschieben ihn auf die Todesstunde. Sie haben Angst vor ihm, weil er einmal mehr schmerzlich und kräftezehrend bewusst machen würde, dass der Tod unmittelbar und unaufhaltsam bevorsteht. Manche halten es zudem für pietätlos, zu einem scheinbar verfrühten Zeitpunkt vom Abschied zu reden. Doch ein solches Hinauszögern hat seine Schwierigkeiten. Oft sind die Sterbenden wenige Augenblicke vor ihrem Tod schon zu kraftlos und die Angehörigen von der Situation zu sehr überfordert und sprachlos gemacht, als dass dann noch ein wirkliches Abschiednehmen möglich wäre. Man möchte zwar noch etwas sagen und tun, aber man wird von der Macht des Augenblicks überfallen und völlig in Besitz genommen. Die Anwesenheit des Todes verschlägt den meisten die Sprache, und so bleibt Wichtiges ungesagt. Viele gemeinsame Wege von Menschen enden deshalb ohne ein wirkliches Wort des Abschieds. Der Tod tritt ein, und nur wenig später machen die Zurückbleibenden die bedrängende Feststellung, dass sie noch so vieles hätten sagen wollen und müssen. Viele Trauernde sind später davon zutiefst bedrückt, wenn ihnen diese Gelegenheit eines Abschieds genommen wurde oder von ihnen ungenutzt verstrich.

Mir selbst ging es ähnlich, als mir durch das unerwartete Delirium, in das mein Vater vor seinem Tod fiel, die Möglichkeit eines bewussten Abschieds genommen war. Wir hatten zwar im Verlauf der Wochen seines Krankenhausaufenthaltes viel miteinander geredet, doch bewusst Abschied voneinander hatten wir nicht genommen. Niemand hatte uns darauf aufmerksam gemacht, dass eine so plötzliche Veränderung seines Zustands eintreten könnte. Später jedoch habe ich erfahren, dass dies durchaus bei Krankheitsverläufen solcher Art üblich ist. Wie hätten wir wohl reagiert, was hätten wir noch gesagt oder getan, hätten wir darum gewusst? Ähnlich hat es mich am Ende mancher Sterbebegleitung bedrückt, wenn ich keine Möglichkeit mehr zum Abschiednehmen hatte. Ich kam zu den Sterbenden, um an die letzte Begegnung anzuschließen, und fand sie plötzlich in einem Zustand vor, der einen lebendigen Austausch kaum oder gar nicht mehr möglich machte.

Diese und ähnliche Erfahrungen verdeutlichen, dass man auf dem Weg zum Tod sehr gezielt und auch wiederholt Augenblicke eines bewussten Abschieds schaffen sollte. Wo diese bewusst gestaltet und wahrgenommen werden, schafft es unter Menschen eine wichtige Möglichkeit der Begegnung und der Aussprache. Man sollte sich diese Chance nicht nehmen lassen! Allerdings wird ein gezieltes Planen des Abschieds vielfach dadurch erschwert oder unmöglich gemacht, dass die Beteiligten nicht offen über die Krankheit und ihre Folgen sprechen. Oft wissen sowohl Sterbende als auch ihre Angehörigen sehr genau um den Ernst der Lage. Und doch finden sie häufig nicht in das Gespräch darüber. Sie wollen sich gegenseitig schonen, dem anderen nicht seine Hoffnungen nehmen und niemanden beunruhigen. Diese Verstellung kostet viele Energien und bereitet den meisten Beteiligten zusätzlichen Kummer. Überdies stellt sie das Pflegepersonal und andere Helfer bei der Wegbegleitung vor äußerst schwierige Bedingungen. Der Respekt vor der freien Willensentscheidung jedes Einzelnen zwingt sie in unterschiedliche Loyalitäten. Nicht selten müssen sie sich deshalb an der Verstellung beteiligen, obwohl sie genau wissen, dass ein Abschied und eine Begleitung erst dann wirklich möglich werden, wenn sich die Angehörigen und Patienten mit Ehrlichkeit und Vertrauen begegnen und den offenen Dialog wagen. Bis zu diesem Ziel vorzudringen erfordert viel Zeit und Einfühlungsvermögen – nicht zuletzt von denen, die das Dilemma mangelnder Aufrichtigkeit unter den Beteiligten erkennen und zu einem anderen Umgang ermutigen möchten. Doch oft bleibt dieses Ziel unerreicht und wird damit ein Abschied unmöglich.

Ein bewusstes Gestalten des Abschieds vom Leben beginnt mit der Suche nach dem richtigen Zeitpunkt. Die Beteiligten sollten noch die dafür notwendige innere und äußere Kraft besitzen. Ein Hinweis von außen, von Ärzten, Pflegepersonal oder Hospizhelfern kann den Betroffenen signalisieren, dass es Zeit ist, an das Abschiednehmen zu denken. Dabei ist zu berücksichtigen, dass viele Sterbende von mehreren Menschen Abschied nehmen müssen und folglich ein umsichtiger Zeitplan und ein verantwortlicher Umgang mit den körperlichen und seelischen Ressourcen erforderlich sind.

Der Abschied selbst bietet die Gelegenheit, dass sich Menschen noch das sagen, was ihnen wichtig ist. Auch wenn hier in der Regel nicht mehr der Zeitpunkt ist, grundsätzliche Klärungen herbeizuführen und alte Rechnungen zu begleichen, so können die Betroffenen doch gemeinsam in Liebe Rückschau halten und die Höhen und die Tiefen ihrer gemeinsamen Geschichte in den Blick nehmen. Diese Begegnungen gestatten, dass sich die Betroffenen noch einmal in Worten und Gesten zeigen, von welcher Art und Intensität ihr Verhältnis und ihre Liebe zueinander sind. Manchmal geschieht das zwischen Menschen sogar ohne jedes Wort und in Stille. Nicht selten machen die Sterbenden ihren Angehörigen dabei Geschenke, welche die Erinnerung an diesen Augenblick und an die menschliche Verbindung zwischen ihnen bewahren helfen sollen. Was in vielen Momenten des Abschieds geschieht, ist für die Beteiligten einerseits erfüllend, andererseits aber auch bedrückend. Schließlich wird dabei erneut unmissverständlich klar, dass der Augenblick näher rückt, der zum Loslassen zwingen und durch den Tod vieles unwiederbringlich verändern wird. Die Szenen des Abschieds sind deshalb oft von Tränen und tiefer Erregung begleitet. Aber gerade dieses »Zum-Abschluss-Bringen« menschlicher Beziehungen und das langsame Loslassen erleichtern vielen Sterbenden das endgültige Abschiednehmen vom Leben. Es kann dafür auch bedeutsam sein, dass die Betroffenen die Gelegenheit erhalten, sich von Dingen zu verabschieden. Viele haben das große Bedürfnis, noch einmal ihr Zuhause, ihren Garten, bestimmte erinnerungsträchtige Orte zu sehen oder aber ihr Haustier ein letztes Mal zu umarmen. Wo das möglich ist, sollte man es deshalb zu realisieren versuchen.

Die Augenblicke des Abschieds haben etwas Besonderes. Sie besitzen etwas Intimes und Heiliges und behalten deshalb kostbaren und bleibenden Wert. Ähnlich entnimmt man es dem Sieger Köder-Bild »Geteilter Schmerz«, in dem der Abschied zwischen Jesus und seiner Mutter dargestellt ist. Der Betrachter sieht, wie sich beide umarmen. Was sonst diese Begegnung ausmacht, ist jedoch vom Kreuzesbalken verdeckt und damit dem Blick des Außenstehenden wohltuend entzogen. Es ist nur noch zu sehen, wie sich ihre Hände auf dem Kreuzesbalken berühren, was treue Verbundenheit und Weggemeinschaft zwischen ihnen vermittelt. Licht geht von dieser Szene aus und betont die Bedeutung, die dieser Abschied für beide hat und behalten wird. Diese Begegnung schenkt Jesus die Kraft für die letzten Schritte. Der Mutter hingegen wird sie in den Stunden der Trauer eine wichtige Erinnerung sein und ihr Halt geben. So wie Sieger Köder den Abschied während des Kreuzweges Jesu darstellt, wird er vielfach und immer wieder erfahren.

Das Bild »Geteilter Schmerz« hebt eindringlich hervor, was für das Abschiednehmen bedeutsam ist. Ein solcher Augenblick zwischen vertrauten Menschen ist so persönlich, dass er des Schutzes bedarf und der Beobachtung Dritter entzogen sein sollte. Jedoch mangelt es oft an den angemessenen Rahmenbedingungen, beispielsweise wenn zur gleichen Zeit Fremde auf dem Zimmer sind oder die Tür zum Flur offensteht. Man sollte deshalb eine gezielte Aufmerksamkeit für die entsprechende Atmosphäre aufbringen, bei den anderen Patienten für Verständnis werben und das Pflegepersonal informieren, damit Störungen unterbleiben. Zudem sollte man gegebenenfalls zu realisieren versuchen, dass Angehörige und Partner auch über Nacht bleiben können, damit genügend Zeit und Raum für den Abschied bleibt. Das ist nicht immer einfach, aber mit etwas Phantasie und Umsicht doch zumeist realisierbar. Ein Beispiel kann vielleicht besonders eindringlich die Bedeutung dessen verständlich machen:

Ein junger Ehemann kam nach langer und ergebnisloser Therapie ans Sterben. Er war seit vielen Wochen ununterbrochen im Krankenhaus und erhielt dort täglich Besuch von seiner Frau. Die Umgangsformen zwischen den beiden verrieten eine große Verliebtheit und eine tiefe innere Verbindung. Aber ihr eheliches Miteinander konnte seit langem nur noch ausschließlich in der sterilen Krankenhausatmosphäre und unter pflegerischer Aufsicht stattfinden. Das Symptombild gestattete kein Verlassen der Klinik mehr und zeigte jetzt unverkennbar an, dass die Zeit des Abschieds näher rückte. Den beiden blieben nicht mehr viele Tage. Als ich an einem Abend beobachtete, dass das Paar so intensiv miteinander im Gespräch vertieft war, dass es von nichts Anderem mehr Notiz zu nehmen schien, habe ich die Schwestern der Station gebeten, das Ehepaar in dieser Nacht nicht zu trennen, sie im Zimmer allein zu lassen und nicht mehr zu stören. Sie sollten die Gelegenheit haben, in aller Ruhe voneinander Abschied zu nehmen, und es sollte dabei Raum sein, das von anderen unbehelligt und auch körperlich ausdrücken zu können. Wie später aus den Aussagen beider hervorging, war die Zeit dieser Nacht für beide wichtig und kostbar.

Unabhängig von den intimen und persönlichen Augenblicken, in denen Menschen voneinander Abschied nehmen, sollte es auch Raum für gemeinschaftliche Formen des Abschieds geben. Sie ermöglichen unterschiedlichen Kreisen und Gruppen, zu denen sich die Sterbenden zählen, ein letztes Zusammenkommen und gemeinsames Abschiednehmen. Das

Erleben einer Gemeinschaft, auf die bis zuletzt Verlass ist, besitzt etwas Tröstliches! Die Sterbenden wissen sich auf ihrem letzten Wegabschnitt von dieser Erfahrung getragen und bestärkt. Sie dürfen spüren, wie wichtig sie den anderen sind, und können ahnen, dass sie auch über den Tod hinaus eine Bedeutung behalten werden. Den anderen Beteiligten bleibt meist unvergesslich, wie wohltuend dem Sterbenden dieses Zeichen der Gemeinschaft war, und sie können dadurch eine Stärkung ihres Zusammenhalts erfahren.

Von besonders großer Bedeutung ist ein solcher, gemeinsamer Abschied für die Familien. Er ermöglicht, das familiäre Miteinander zu erleben. So werden Eltern, Partner, Kinder und Enkelkinder zusammengeführt und die schützende und beheimatende Funktion einer Familie erfahrbar gemacht. Der Abschied von der Familie, und dabei besonders der von den eigenen Kindern, vermittelt vielen Sterbenden die beruhigende Gewissheit, dass das Leben auch nach ihrem Tod weitergeht und dass sie in ihren Nachfahren weiterleben werden. Es besitzt in jedem Fall eine besondere Bedeutung und eine prägende Wirkung, wenn man erleben darf, dass Menschen nicht nur in eine Familie hineingeboren, sondern auch aus ihrer Mitte abberufen werden.

Einen gemeinschaftlichen Abschied zu gestalten und ihm einen Rahmen zu geben, ist nicht leicht. Als Auftakt oder Höhepunkt eignet sich oft ein gemeinsamer Gottesdienst am Krankenbett, in dessen Verlauf auch die Krankensalbung gespendet werden kann. Eine gottesdienstliche Feier zu diesem Zeitpunkt kann allen Beteiligten die wohltuende und kräftigende Wirkung des Glaubens erfahrbar machen. Dabei lässt sich erleben, dass in den Sakramenten der Eucharistie und der Krankensalbung Gemeinschaft zwischen Mensch und Gott, aber auch unter den Menschen gestiftet wird. In den sakramentalen Zeichen wird vermittelbar, dass Gott den Weg zu den Menschen findet, ihnen stärkend zur Seite tritt und ihnen verläßlich zusagt, sie in diesen schweren Tagen nicht mehr zu verlassen. Gerade im Stadium zunehmender Kraftlosigkeit ihrer Hände und einer sich intensivierenden Schwere ihrer Gedanken spüren viele Sterbende, wie die Salbung der Hände und der Stirn als Zeichen der Stärkung durch Gott ihre Wirkung entfaltet. Auch anwesende Angehörige bemerken das vielfach und finden ein solches Miterleben wohltuend und stärkend. Man sollte deshalb darauf achten, dass das Sakrament der Krankensalbung nicht erst zu einem Zeitpunkt gespendet wird, wo der Sterbende nur noch bedingt den Empfang dieses Sakramentes spüren und bewusst aus ihm schöpfen kann. Auch rät sich – wenn es vom Sterbenden nicht anders gewünscht ist –, die Gottesdienste und Sakramente nach Möglichkeit in Anwesenheit der Angehörigen zu feiern. Man beraubt das Gebet oder das Sakrament sonst eines Teils seiner Wirkkraft. Das gemeinsame Erleben von Gebet und Glauben gerade in diesen Situationen stärkt überdies das Vertrauen, dass die Gemeinschaft, die unter Menschen durch Gott entsteht, nicht durch den Tod zerstört wird, und es deshalb Hoffnung auf ein Wiedersehen gibt. Auch können den Beteiligten das Gebet und die sakramentalen Zeichen, wie Brot und Wein, zu Symbolen bleibender Verbundenheit und Gemeinschaft mit ihren sterbenden Angehörigen werden.

Zwei Beispiele können das verdeutlichen:

Bei dem Abschied eines Sterbenden im Kreis seiner Familie reichten sich alle Anwesenden nach der Krankensalbung die Hände und beteten so das »Vater unser«. Anschließend sagte der sterbende Vater zu seiner Frau und seinen drei jungen Kindern: »Seht ihr, Gott hat uns gerade zu einer fest verbundenen Gemeinschaft gemacht. Wir haben gebetet, dass er der Vater im Himmel und auf der Erde ist. Wenn ich jetzt sterbe und in den Himmel komme, dann wird er dort auf mich warten und mein Vater sein. Genauso aber wird er auch weiterhin auf euch aufpassen und euer Vater sein. Wir bleiben also durch ihn verbunden. Immer wenn wir dann sein Gebet sprechen, ich da oben und ihr hier unten, werden wir mit unseren Gedanken wieder wie jetzt einen Kreis mit unseren Händen bilden, und jeder von uns, egal wo er gerade ist, wird dann im Geist mit dabei sein. Irgendwann aber werden wir uns bei unserem Vater im Himmel wiedersehen und uns wieder richtig an die Hände nehmen können.« Im Anschluss an diese Begegnung sagte der Vater seiner Familie: »Adieu« (»Bei Gott«). Das hatte in dieser Situation einen besonderen Klang und einen tiefen Sinn.

Im Verlauf einer anderen Sterbebegleitung wurde bei einem Gottesdienst im Familienkreis zunächst die biblische Textstelle gelesen, in der einer der Väter Israels auf dem Sterbebett seinem Sohn den Segen erteilt (Gen 27,1-40). Anschließend haben sich alle Familienangehörigen nacheinander gegenseitig die Hände aufgelegt und sich den Segen gespendet. Sie haben dabei das getan, was das lateinische Wort für segnen, »bene-dicere«, ausdrückt, sie haben sich ein gutes Wort mit auf den Weg gegeben. Das war für alle Beteiligten tröstlich und ergreifend. Vermutlich werden die Zurückbleibenden die gesprochenen Worte wie Vermächtnisse hüten.

Die Bedeutung und die Wirkung eines bewussten Abschieds sind nicht hoch genug einzuschätzen. Sterbende *und* Angehörige schöpfen aus ihnen gleichermaßen Trost und Kraft. Eine umsichtige Sterbebegleitung sollte deshalb darauf achten, dass solche Momente möglich werden. Dabei ist es zumeist wichtig und hilfreich, dass die Betroffenen seelsorgerliche Unterstützung erfahren. Das eigenständige Beten und Feiern von Gottesdiensten überfordert die meisten, und die kirchlichen Sakramente können nur dort empfangen werden, wo sich Geistliche dazu zur Verfügung stellen. Deshalb sollten Betroffene an entsprechender Stelle um Hilfe bitten und kirchliche Amtsträger für diese Anliegen wachsam sein.

Das Abschiednehmen ist jedoch nicht nur für Angehörige und Freunde bedeutsam. Auch Pflegekräfte und Hospizhelfer brauchen das, denn sie sind über die Zeit der Wegbegleitung oft in ein Verhältnis zu den Sterbenden getreten, das menschliche Bindungen entstehen und wachsen ließ. Sie verlieren mit dem Tod eines Patienten nicht nur eine Aufgabe, sondern häufig einen Menschen, der ihnen viel bedeutet und vermittelt hat. Deshalb muss auch ihnen Zeit und Raum für den Abschied gegeben werden. In den entsprechenden Einrichtungen und Hospizdiensten sollte man gezielt darauf achten, denn Riten und Praktiken dieser Art tragen dem Anspruch Rechnung, dass die Pflege und Wegbegleitung Sterbender immer auch eine Sache des Herzens ist und niemals nur eine berufliche Routineangelegenheit sein darf. Hinzu kommt, dass die Helfer durch einen bewussten Abschied Trost und Bestärkung für ihren Dienst erfahren können.

Ein Beispiel mag das vermitteln:

Eine ältere Frau lag im Sterben, und wir feierten im Kreis der Angehörigen an ihrem Bett Gottesdienst. Am Ende dieser eindrucksvollen Feier nutzte sie die Gelegenheit, zu jedem Anwesenden noch etwas zu sagen. Sie erinnerte sich an vieles, was sie mit ihren Familienmitgliedern erlebt hatte, und sie gab jedem Hinweise und Wünsche mit auf den Weg. Nicht alles, was sie sagte, war für die Beteiligten einfach anzuhören, aber es war ehrlich gemeint und kam von Herzen. Am Ende kam ich als geistlicher Weggefährte an die Reihe. Wir kannten uns erst wenige Wochen. Die aber waren sehr intensiv und hatten uns miteinander verbunden. Als ich ihre guten Wünsche für meinen weiteren Weg entgegengenommen und ihr mitgeteilt hatte, wie wichtig mir die Zeit mit ihr gewesen ist, habe ich zu ihr gesagt: »Ich wäre Ihnen dankbar, wenn Sie da oben ein gutes Wort für mich einlegen würden.« Sie antwortete darauf spontan: »Wissen Sie, das werde ich gewiss tun. Aber dabei werde ich es nicht belassen. Ich werde da oben nämlich im entsprechenden Kuratorium sitzen und selbst dafür Sorge tragen, dass Sie einen guten Weg gehen. Darauf können sie sich verlassen.«

Diese Antwort war ein kostbares Abschiedsgeschenk.

»Jesus stirbt draußen«

Es ist vollbracht

Der Todeskampf in der Sterbestunde, so wie er auf Sieger Köders Kreuzwegbild »Jesus stirbt draußen« ausdrucksstark festgehalten wird, ist kein Einzelfall. Der Tod hat häufig ein ähnliches Gesicht: Der menschliche Körper verliert seine Gestalt. Er ist aufgezehrt. Die Haut verändert ihre Farbe, und die Adern und Knochen treten sichtbar unter ihr hervor. Den Sterbenden steht der Schweiß der Anstrengung und der Angst auf der Haut, und ihr Leib wirkt wie auf einer Streckbank ausgespannt. Nicht selten kommen unsägliche körperliche Schmerzen hinzu. Zwar können diese heute vielfach durch moderne Schmerztherapien behoben werden, aber es gibt immer noch viele Situationen, in denen sie den Todeskampf Sterbender zusätzlich erschweren und unerträglich machen. Diese Schmerzen treten nicht an einzelnen Stellen des Körpers auf, sondern durchdringen und erfüllen den ganzen Leib. Sie äußern sich im Stöhnen und im lauten Luftholen. Je mehr es dem Ende entgegengeht, um so schwerer fällt es den Sterbenden häufig zu atmen. Der entkräftete Körper hebt mit großer Mühe den Brustkorb und ringt nach Luft. Das Herz arbeitet mit wachsender Geschwindigkeit und Intensität. Trotzig und fast verzweifelt schlägt es einen stets unruhiger werdenden Takt. Außer dem Geräusch des Atmens fehlt jede Regung. Es wird zunehmend stiller in der Nähe des Sterbenden.

Viele Angehörigen müssen, wenn sie am Bett der Sterbenden Wache halten, so oder anders sehen und miterleben, wie der Tod näher tritt. Zumeist schweigen oder reden sie in gedämpfter Lautstärke. Sie wagen sich kaum zu bewegen, um den Tod nicht zu stören. Diese letzten Stunden sind voller innerer Spannung und oft voll stiller Andacht. Der Aufmerksamkeit der Angehörigen entgeht dabei nichts, sie lassen den Sterbenden nicht aus den Augen. Sie hören jeden Atemzug, sie achten auf den Schlag des Herzens, der sich an der Halsschlagader ablesen lässt, und verfolgen jede Veränderung am Körper. Immer wieder, wenn der Atem stockt und einen Augenblick lang aussetzt, rechnen sie mit dem Eintreten des Todes und halten deshalb selbst den Atem an. Dabei gehen den meisten viele, oft gegensätzliche Gedanken durch den Kopf: *»Es wird doch nicht zu Ende sein?«* – Oder: *»Hoffentlich darf er jetzt sterben und endlich Erlösung finden.«* Oder: *»Herr, nimm ihn doch endlich zu dir und mach diesem Elend ein Ende!«* Doch dann hebt sich der Brustkorb wieder, und der Atem beginnt von neuem. Das wiederholt sich häufig. Nicht selten wird der Sterbende in diesen Stunden zusätzlich und unerwartet mit Unruhe erfüllt. Der Atem wird schneller, und der Körper bewegt sich hektisch. Manchmal versuchen sich die Sterbenden noch einmal aufzurichten und verlangen, dass man ihnen dabei hilft. Alles das ist wie ein kläglicher Versuch, sich noch einmal gegen den Tod aufzubäumen und sich ihm zu widersetzen. Auch dieses Aufbäumen wiederholt sich nicht selten. Diesen Kampf tatenlos mitverfolgen zu müssen, das ist für viele Angehörige beinahe unerträglich. Dennoch harren die meisten aus und versuchen das Ihre zu tun, um nahe und hilfreich zu sein. Durch die Berührung mit den Händen, durch das leise Sprechen von Gebeten und Worten oder das Kühlen der Stirn und des Körpers ihrer Angehörigen machen sie liebende Fürsorge und Nähe spürbar und wirken so beruhigend auf die Sterbenden ein. Dabei sammeln die meisten Begleiter im Verlauf der Zeit sehr individuelle Erfahrungen, wie sie den Sterbenden in dieser Situation helfen und zu seiner Entspannung und Erleichterung beitragen können.

Die meisten Sterbenden beruhigt es, wenn ihre Angehörigen oder andere, ihnen zugewandte Menschen in ihrer Nähe sind. Nicht selten lässt sich die innere und äußere Unruhe Sterbender gerade auf das Fehlen von Angehörigen und menschlicher Zuwendung zurückführen. Viele warten beinahe sehnsüchtig auf bestimmte Menschen und finden erst dann zur Ruhe, wenn die Erwarteten im Krankenzimmer eingetroffen sind. Wenn sie nur deren Stimme hören oder Hand spüren, verändert sich oft schlagartig ihre Stimmung. Es gibt jedoch auch den umgekehrten Fall, dass Sterbende nicht zur Ruhe kommen, *weil* bestimmte Menschen in ihrer Nähe sind. Sie beruhigen sich deshalb erst wieder, wenn diese das Zimmer verlassen haben. Um den Sterbenden ähnliche Unannehmlichkeiten zu ersparen, sollte man rechtzeitig mit ihnen klären, wen sie in der Sterbestunde in ihrer Nähe haben möchten und auf wessen Anwesenheit sie lieber verzichten wollen. Wo eine solche Klärung nicht möglich war, muss diese Frage mit den Angehörigen erörtert werden.

Was sich an vielen Sterbebetten ereignet, lässt sich im unteren Teil des Sieger Köder-Bildes »Jesus stirbt draußen« wiederfinden. Dort ist es wie in einer Momentaufnahme festgehalten. Es findet in vielerlei Hinsicht Begleitung statt: Begleitung des Sterbenden, Begleitung der Begleiter untereinander, aber auch Begleitung durch den Sterbenden. Wie im Bild dargestellt, gehen viele Angehörige gemeinschaftlich den Weg der Begleitung. Sie teilen die Stunden und Tage in Dienste ein, sie stützen sich gegenseitig und achten darauf, dass während dieser Zeit jeder regelmäßig isst und schläft. Selbst dieses Detail findet sich bei Sieger Köder wieder, macht es doch den Eindruck, als würde eine der drei Angehörigen Jesu einen Augenblick Ruhe für den Schlaf der Erschöpfung finden, während die anderen für sie mitwachen.

Nicht immer jedoch besitzt die Todesstunde Ruhe und Sammlung. Oft sind die Angehörigen über die sichtbaren Veränderungen am Körper und im Verhalten der Sterbenden beunruhigt. Viele sind überfordert und wissen nicht, was sie in dieser Situation tun und wie sie auf etwaige Veränderungen reagieren sollen. Manches von dem, was im Sterbeprozess geschieht und zunächst beängstigend wirkt, sind jedoch normale Anzeichen des Todes. Das zu erkennen ist den meisten jedoch unmöglich. Sie sind deshalb auf die bereitwillige Begleitung durch einen Arzt oder eine Pflegekraft, einen Sterbebegleiter oder Hospizhelfer angewiesen. Ihre Anwesenheit kann den Angehörigen unnötige Unsicherheiten und Ängste nehmen. Darüber hinaus ist es zumeist eine große Hilfe, wenn es in diesem Finalstadium Menschen gibt, die im Hintergrund die Aufgaben des alltäglichen Tagesablaufes übernehmen und die unmittelbaren Begleiter damit von zusätzlichen Verpflichtungen befreien. Das Besorgungen-Machen, Kochen und Organisieren von Terminen durch andere entlastet. Wenn sich der Sterbeprozess über mehrere Tage und Nächte hinzieht, kann das leicht die Kräfte und Möglichkeiten der Angehörigen übersteigen. Sie benötigen dann Unterstützung, nicht zuletzt auch bei der Wache am Sterbebett. Wer hier hilft, sollte den Betroffenen verlässlich zusichern, dass er sie umgehend verständigt, wenn sich der Zustand des Sterbenden wahrnehmbar verändert. Schließlich ist es den meisten Angehörigen ein großes Anliegen, gerade im Augenblick des Todes an der Seite der Sterbenden zu sein. In Krankenhäusern und Altenheimen sollte man deshalb bei Bedarf die Gelegenheit schaffen, dass Angehörige über Nacht im Zimmer der Sterbenden bleiben und gegebenenfalls auch dort schlafen können. Durch solche Hilfsangebote und mitmenschliche Unterstützung lässt sich ein Beitrag dazu leisten, dass Frieden und Ruhe am Sterbebett einkehren und der Sterbende und seine Begleiter diese letzte Wegstrecke mit Würde gehen können.

Das Bild »Jesus stirbt draußen« hält das Ende des oft langen und mühseligen Sterbeprozesses fest: den Augenblick, in dem der Tod Jesu eintritt. Die Heilige Schrift berichtet davon, dass in diesem Moment der Vorhang des Tempels zerreißt (Mt 27,51). Sieger Köders Kreuzwegstation zeigt links und rechts vom sterbenden Christus die beiden Teile des Vorhangs. Im jüdischen Tempel wird der Schrein mit den Thorarollen, dem Allerheiligsten, von diesem Vorhang verborgen und damit bewusst dem Blick der Beter entzogen. Wenn die biblische Überlieferung am Ende der Leidensgeschichte Jesu vom Zerreißen dieses Vorhangs spricht und der Künstler dieses Detail in seinem Bild aufgreift, dann soll damit ausgesagt werden, dass mit dem Tod Jesu den Menschen endlich das Heil sichtbar und offenbar wird. Dieses Heil besteht darin, dass Gott nicht verborgen ist und die Menschen ihrem Schicksal überlässt, sondern die Nähe zu ihnen sucht und das Elend der Leidenden und Sterbenden teilt, in dem er selbst in Christus Leid und Tod auf sich nimmt. Überdies überwindet Christus im Geschehen von Tod und Auferstehung die Sinnlosigkeit des Leids und die Trostlosigkeit des Todes, denn er wird nicht vom Tod besiegt, sondern er besiegt den Tod und schenkt damit allen Menschen die Hoffnung auf ein neues Leben. Damit verliert der Tod seinen Schrecken und wird dem Menschen ein ungeahntes Heil offenbar. Das Kreuz, an dem Jesus gestorben ist, symbolisiert wie nichts Anderes die Nähe Gottes und die menschliche Hoffnung auf das Heil. Es besitzt deshalb für viele Menschen, gerade für die vom Leid und vom Tod Betroffenen, eine zentrale und tröstliche Bedeutung.

Ein Beispiel:

Eine allein stehende krebskranke Frau stand wenige Stunden vor ihrem Tod. Ihr körperlicher Zustand war erbärmlich und ihr Leid groß. Seit mehreren Stunden saß ich an ihrer Seite, weil ich sie nicht alleine lassen wollte. Sie hatte niemanden, und das Pflegepersonal auf der Station war völlig überlastet. Langsam kam Unruhe in mir auf. Ich wusste, dass ich bald gehen musste. Irgendwann nahm die Frau das Kreuz, das auf ihrem Nachttisch lag, und sagte: »Sie können beruhigt gehen. Ich bin nicht allein. ER wird bei mir sein. Er wird mit mir das Kreuz tragen, und er wird es am Ende mit mir überwinden.«

Das Kreuzwegbild »Jesus stirbt draußen« legt nahe, dass – unabhängig von der Einmaligkeit des Kreuzesereignisses Jesu – auch heute im Augenblick des Todes den Betroffenen Heil offenbar werden kann und viele Erfahrungen bestätigen das: Die Todesstunde hat etwas Heil-iges. Immer wieder wird dabei sichtbar, dass Frieden in den Menschen einkehrt. Der eben noch angespannte Körper ist nun gelöst, die Haut geglättet und der Gesichtsausdruck friedlich. Man muss es nicht mit gläubigen Augen betrachten, um zu sehen, dass in diesen Momenten etwas Ähnliches geschieht, wie es die Bibel beschreibt. Sie überliefert, dass Jesus in seiner

Todesstunde rief: »Vater, in deine Hände empfehle ich meinen Geist« (Lk 23,46), und berichtet, wie er anschließend sein Haupt neigte und seinen Geist *übergab* (Joh 19,30). Oft hat man in der Sterbestunde eines Menschen den gleichen Eindruck. Es ist, als kehre ihr Geist in die Hand des Schöpfers zurück und hinterließen sie deshalb einen leblosen Körper. Viele Sterbende sprechen vor ihrem Tod von einem ähnlichen Geschehen und äußern ihre Ahnung von einem neuen Leben*: »Ich sehe ein Licht.«* – *»Mein Gott, da bist du!«* – *»Mein Herr und mein Gott!«* Die meisten, die das Eintreten des Todes so verfolgen, erleben einen heiligen Augenblick, der nicht selten von einer geradezu unheimlichen und übersinnlichen Atmosphäre geprägt ist. Solche Erfahrungen können die menschliche Hoffnung bestätigen, dass der Sinn des Lebens nicht mit dem Tod endet, und den Christen in seinem Glauben an die Auferstehung bestärken, schließlich scheint die Auferstehung in der Sterbestunde zum Greifen nah.

Einen Sterbeprozess zu begleiten und den Tod eines Menschen zu erleben, verursacht allen Beteiligten Schmerz und Trauer. Die gemeinsame Erfahrung einer Wegbegleitung besitzt jedoch zumeist auch ein wertvolles Vermächtnis. Menschen, die einen solchen Weg zusammen gegangen sind und sich gemeinsam um einen Sterbenden gesorgt haben, werden dadurch enger miteinander verbunden. Sie teilen eine kostbare Erfahrung, die nur sie besitzen, und behalten in Erinnerung, was sie gemeinsam zu leisten im Stande waren. So sehr also der Tod menschlichen Beziehungen ein Ende setzt, so sehr führt er auch Menschen zusammen und stiftet er unter ihnen Gemeinschaft. Das jedenfalls ist eine Erfahrung, die man immer wieder in der Sterbebegleitung machen kann. Unter dem Kreuz Jesu geschieht es ähnlich. Die Mutter Jesu und der Jünger Johannes harren in der Todesstunde an der Seite Jesu aus. Jesus sagt kurz vor seinem Tod auf Johannes weisend zu seiner Mutter: »Siehe da, Mutter, dein Sohn!« Und umgekehrt zu seinem Jünger »Siehe da, deine Mutter!« Von da an, so heißt es in der Schriftstelle, nahm sie der Jünger zu sich (vgl. Joh 19,25-27). Der Tod hatte also zwischen ihnen eine bleibende Verbindung geschaffen.

Die Berichte der Bibel von der Todesstunde Jesu und das Kreuzwegbild »Jesus stirbt draußen« geben Auskunft darüber, dass Christus während seines Todeskampfes nicht allein und verlassen war. Die Nähe einiger Vertrauter konnte ihm zwar nicht die Schmerzen und die Not nehmen, aber sie verschaffte ihm Erleichterung und Trost. Jeder, der das Gefühl der Angst kennt, kann nachvollziehen, wie bedeutsam und hilfreich dies in solchen Augenblicken tiefer Einsamkeit und Verlassenheit erlebt werden kann. Vermutlich gilt das für keinen Moment des Lebens so sehr wie für die Todesstunde, in der die meisten Menschen von Ängsten und Zweifeln heimgesucht werden. Christus ist bei seinem Sterben damit ein Leid erspart geblieben, das viele schmerzlich erfahren müssen: die Einsamkeit. Nicht wenige Sterbende sind ihren Ängsten überlassen und müssen vielfach aus dem Erleben dieser Verlassenheit schlussfolgern, dass ihr Leben sinnlos war und wertlos geworden ist. Die Enttäuschung und Verbitterung darüber, dass ausgerechnet in dieser Stunde niemand an ihre Seite findet, macht vielen das Sterben unendlich schwer.

Kein Mensch verdient solche Einsamkeit im Tod. Es müsste eigentlich ein Menschenrecht sein, dass man sterben darf, wie man geboren wird: nicht allein. Wo es anders geschieht, ist es ein bedrückendes Bild und eine trostlose Realität. Wenn sich Menschen untereinander etwas schuldig sind, dann dass sie sich in diesem Augenblick nicht allein lassen, sondern füreinander da sind. In diese Verantwortung sind alle Menschen mit eingebunden, gleich in welchem Verhältnis sie zu den Sterbenden stehen, denn auch ein »Fremder« kann wohltuende Nähe schenken und zum Vertrauten werden! Deshalb sollte jedes Krankenhaus und Pflegeheim dafür Sorge tragen, dass niemand einsam sterben muss, auch und gerade die nicht, die keine Angehörigen haben oder deren Angehörige aus verschiedenen Gründen nicht da sein können. Für sie ist es später eine große Erleichterung und Hilfe im Trauerprozess, wenn sie wissen dürfen, dass der Sterbende im Augenblick des Todes nicht allein war. Es käme jedoch einer Überforderung gleich, wollte man diese Aufgabe einem vielfach überlasteten Pflegepersonal zusätzlich und allein aufbürden. Deshalb wird man nach ergänzenden Möglichkeiten suchen und sie entsprechend organisieren müssen. Dabei könnten die christlichen Gemeinden und humanitäre Organisationen tatkräftige Unterstützung leisten, denn der Dienst am Sterbenden ist ein zentraler Dienst am Nächsten. Hier gibt es ein weites und nützliches Feld für ein ehrenamtliches Engagement.

VI.
DIE VIELEN GESICHTER VON ABSCHIED UND TRAUER

»Im Schoß der Mutter«

Den Tod be-greifen und durch-schauen

Der Tod bringt zumeist eine große Veränderung in das Leben der Zurückbleibenden. Ganz unabhängig davon, ob sich die Angehörigen auf den Tod eines Menschen vorbereiten konnten oder ob sie von ihm plötzlich überrascht wurden. Viele empfinden die neue Situation zunächst als völlig irreal und un-fass-bar. *»Das kann und darf nicht wahr sein!«* Die mit dem Tod einhergehende Veränderung der Lebensumstände ist drastisch. Ein Mensch ist tot, der eben noch gelebt, geatmet und das Leben seiner Umgebung geprägt hat. Das ist intellektuell und emotional schwer nachzuvollziehen. Der Tod überfordert den Menschen und verunsichert ihn, weil seine Folgen nicht absehbar und kalkulierbar sind. Das Gefühl völliger Leere und Ohnmacht verursacht in den Betroffenen eine schmerzende Traurigkeit und eine bedrängende Existenzangst. *»Wie um alles in der Welt soll ich nur weiterleben!?«* Die Zurückbleibenden sind wie gelähmt und stehen unter Schock. Sie neigen deshalb in einer ersten Phase der Reaktion dazu, die neue Wirklichkeit zu leugnen und der Situation zu entfliehen. Nicht selten drängt es sie deshalb nach dem Eintreten des Todes geradezu aus dem Sterbezimmer. Sie wollen dem Tod nicht ins Auge schauen. Selbst wenn sie über einen längeren Zeitraum das Sterben begleitet und den letzten Atemzug miterlebt haben, halten manche den Tod zunächst noch für eine Einbildung. Sie blicken angestrengt und erwartungsvoll auf den Verstorbenen und haben die Hoffnung, er könne gleich wieder zu atmen beginnen und die Augen öffnen. *»Sind Sie wirklich sicher, dass er tot ist? Ich meine, er hätte sich gerade noch bewegt.«*

Es braucht seine Zeit, bis man die Realität des Todes annehmen kann. Man sollte deshalb der Seele und den Sinnen entsprechend Raum und Gelegenheit geben, den Tod bewusst sinnenhaft wahrzunehmen und zu realisieren. Nichts vermag Hinterbliebene vermutlich so sehr von der Wirklichkeit überzeugen und zu ihrer Annahme bewegen als das Ansehen und Berühren des Todes. Gerade die Berührung eines Toten jedoch ist heutzutage mit großen Hemmungen verbunden. Was die Darstellung «Im Schoß der Mutter« von Sieger Köder ins Bild bringt, nämlich wie die Mutter den toten Sohn berührt, wie sie ihn noch einmal in die Arme schließt und ihn für eine gewisse Zeit in ihren Händen hält, wie sie ihn ansieht und bei ihm ausharrt, das wirkt auf manchen Betrachter befremdlich. Und doch wird von vielen Betroffenen nichts als so hilfreich und im

Nachhinein auch als so prägend erlebt, als wenn der Tod ähnlich wahrgenommen werden konnte. Es ermöglicht im wahren Wortsinn, den unbegreiflichen Tod zu be-greifen und das nicht Ein-seh-bare ein-zu-sehen. Mit der Berührung des Toten wird spürbar, dass dieser Mensch ohne Leben ist. Dem Verstand und der Emotion bleibt keine andere Wahl, als das anzuerkennen. Das ist eine entscheidende Voraussetzung dafür, dass Betroffene mit der veränderten Situation zu leben beginnen. Wer darüber hinaus einen Toten bewusst und ausdauernd ansieht, kann feststellen, dass der tote Leib nur ein Teil des verstorbenen Menschen ist, und der Frage nachzugehen beginnen, wo das geblieben ist, was diesen Körper mit Leben und Geist erfüllt hat. So kann eine Ahnung wachsen, dass das, was mit dem Tod nicht mehr zu spüren und zu sehen ist, an einem anderen Ort sein könnte. Der Trauernde beginnt so ansatzhaft, den Tod über das Begreifen und Sehen hinaus zu deuten und zu durch-schauen.

Das Sieger Köder-Bild scheint etwas Ähnliches in der Haltung der Mutter Jesu ausdrücken zu wollen. Maria nimmt den Tod an, indem sie den Leib des verstorbenen Sohnes an sich schmiegt. Es macht den Eindruck, als höre sie in den Tod hinein und erahne sie dabei, dass ihr Sohn mit dem Tod in ein neues Leben hineingeboren worden ist. Die Körperhaltung des toten Christus deutet diese Geburt in das neue Leben an: Jesus liegt wie ein Embryo im Schoß seiner Mutter. Von dieser Erfahrung – ohne den Schmerz gering reden zu wollen – geht Frieden aus. Die Taube mit ihren über Mutter und Sohn ausgebreiteten Flügeln steht dafür: Der Tote findet Frieden, weil er das neue Leben beginnen darf, und die Trauernde findet Trost, weil sie im Tod einen annehmbaren Sinn erkennt. Wie bei der Erzählung von der Arche Noah symbolisiert der Zweig im Schnabel der Taube das neue Leben, das in diesem Augenblick für beide beginnt: Für den Toten ist es das ewige Leben und für die Trauernde das Leben ohne den Verstorbenen, aber mit der Hoffnung auf ein Wiedersehen mit ihm im ewigen Leben.

Diesen Frieden, von dem das Bild Sieger Köders Zeugnis gibt, erleben viele Angehörige, wenn sie sich die entsprechende Zeit dafür nehmen, am Totenbett zu verharren, und sie den Mut aufbringen, den Toten zu berühren: Mit der Zeit legt sich die anfängliche innere Hin- und Hergerissenheit, das laute Klagen und Weinen wandelt sich in leise Tränen. Der Körper entspannt sich langsam und findet zunehmend zur Ruhe. Der Tod wird trotz aller Schmerzen und des Gefühls tiefer Trauer als Realität begriffen, wahr- und angenommen.

Ein Beispiel kann das eindringlich verdeutlichen:

Ein junges Ehepaar fand ihren wenige Wochen alten Sohn tot in seinem Bett. Plötzlicher Kindstot. Sie verständigten den Notarzt, und wenige Minuten später traf der Krankenwagen bei ihnen ein. Jetzt verlief alles wie im Zeitraffer. Der Arzt griff nach dem leblos im Bett liegenden Kind und lief mit ihm zum Krankenwagen. Die Türen des Wagens schlossen sich, und hinter ihnen versuchte man, den kleinen Jungen wiederzubeleben – vergeblich. Der Arzt teilte den Eltern mit, dass jede Hilfe zu spät kam, und klärte sie anschließend darüber auf, dass die Leiche des Kindes beschlagnahmt und mitgenommen werden müsse, weil in solchen Fällen grundsätzlich nicht ausgeschlossen werden könne, dass der Tod durch Fremdeinwirkung herbeigeführt worden sei. Ohne dass ein weiterer Blick auf ihren Sohn möglich oder den Eltern bekannt gewesen wäre, wohin er gebracht wurde, fuhr der Notarztwagen mit der Leiche davon. Kurze Zeit später stand die Polizei vor ihrer Haustür, um die vorgeschriebenen Ermittlungen aufzunehmen. Diese Aneinanderreihung von Ereignissen und Schreckensbildern war für die Eltern wie ein schlechter und unwirklicher Traum. Da war keinerlei Gelegenheit, das Geschehene einzuholen oder Abschied zu nehmen. Sie standen fassungslos vor der leeren Wiege. Zufällig wurden wir gewahr, dass der Notarzt das Kind nicht in die Gerichtsmedizin, sondern in das örtliche Krankenhaus gebracht hatte. Nach einer kurzen Rücksprache mit der Polizei haben wir noch am gleichen Tag das Kind im Abschiedsraum aufgebahrt. Anschließend konnten wir es den Eltern ermöglichen, ihren Sohn noch einmal zu sehen und im Krankenhaus von ihm Abschied zu nehmen. Sie gingen ohne Zögern auf dieses Angebot ein und haben eine lange Zeit mit ihrem Sohn verbracht. Sie haben ihn mehrfach in die Arme genommen und gewiegt, als ob er noch lebte. Die Eltern haben gemeinsam und auch je allein an dem Bett geweint und mit ihren Händen die Haut des Kindes berührt. Vieles erinnerte an das, was im Sieger Köder-Bild »Im Schoß der Mutter« dargestellt ist, und doch ist nicht beschreibbar, was in diesen Stunden geschah. Für die Eltern war diese Zeit unendlich wichtig, denn sie half ihnen, das Unfassbare zu begreifen. Der gemeinsame Abschied war auch später für ihr Miteinander bedeutsam, denn diese Erfahrung verband sie auf eine besondere Weise.

Das Bild »Im Schoß der Mutter«, dessen Motiv auch in zahllosen anderen Pietá-Darstellungen aufgegriffen ist, löst besonders bei den Menschen Betroffenheit aus, die keine Gelegenheit eines sinnenhaften Abschiednehmens hatten. Sie spüren, dass ihnen eine vergleichbare Erfahrung beim Loslassen geholfen hätte, und vermissen sie deshalb schmerzlich. Wenn diese Erfahrung fehlt, fällt es den Hinterbliebenen oft über einen langen Zeitraum schwer, den Tod anzunehmen und mit den veränderten Bedingungen zu leben. Im wachen und im schlafenden Zustand glauben sie immer wieder, dass der Tod ihres Angehörigen nur eine Einbildung gewesen sein könnte, und warten darauf, dass er jeden Augenblick wieder in das »alte« Leben zurückkehrt. Wo es hingegen die Möglichkeit zu einem solchen Abschied gegeben hat, ist die Trauer in aller Regel von diesen Gefühlen weniger begleitet. Statt dessen erinnern sich die Angehörigen zumeist gern an die ruhigen Minuten und Stunden des Abschieds von dem Toten.

Aus diesen Beobachtungen leitet sich die Empfehlung ab, dass Trauernde die Gelegenheit erhalten oder sich selbst verschaffen sollten, von einem Toten Abschied zu nehmen, um im dargestellten Sinn den Tod be-greifen zu können. Das betrifft auch die Trauernden, die von einer Todesnachricht überrascht werden. Sie sollten erwägen, den Toten noch einmal zu sehen, um den Abschied nachzuholen, der vorher nicht möglich war. Das schließt auch die meisten Fälle ein, in denen Menschen auf eine Weise zu Tode gekommen sind, die am Körper sichtbare Spuren hinterlassen hat. Der Leitsatz: »Die Phantasie ist immer schlimmer als die Wirklichkeit«, lässt es erfahrungsgemäß sinnvoll erscheinen, dass es für die meisten Trauernden besser ist, sich über eine geraume Zeit mit einem schrecklichen Bild konfrontiert zu sehen, als mit einer Unzahl grausamer Phantasien leben zu müssen. Der schnell dahergesagte Satz: *»Behalten Sie den Toten so in Erinnerung, wie Sie ihn gekannt haben«*, berücksichtigt nicht ausreichend die Selbstständigkeit menschlicher Phantasie.

Ein Beispiel:

Ein junger Mann hatte sich an seinem Ausbildungsort, viele Kilometer von seiner Heimat entfernt, das Leben genommen. Die schreckliche Nachricht erreichte seine Familie und seine Freunde über das Telefon. Wenige Stunden zuvor hatten sie noch mit dem Verstorbenen Karneval gefeiert und ihn ausgelassen und froh erlebt. Die Vorstellung, dass er nicht mehr lebte und dass ihn vermutlich große Sorgen in den Tod getrieben hatten, die von den meisten unbemerkt geblieben waren, war für alle unfasslich. Die Leiche des jungen Mannes wurde vorläufig von der Polizei beschlagnahmt und später in seinen Heimatort überführt. Man riet den Angehörigen wegen der Todesursache zunächst davon ab, den Toten noch einmal zu sehen. Auf meine Veranlassung hin wurde der Sarg dennoch geöffnet, und so konnte man sich einen Eindruck von dem Anblick des Toten verschaffen. Ganz anders als erwartet, war es ein friedvolles Bild. Folglich konnten wir den Angehörigen doch das Angebot machen, den Toten zu sehen, und sie entsprechend auf das vorbereiten, was sie erwarten würde. Die Familie und manche Freunde nahmen noch am gleichen Tag gemeinsam die Gelegenheit wahr, von dem Verstorbenen Abschied zu nehmen. Es waren eindrucksvolle Augenblicke. Sie halfen, die Zweifel an dem Geschehenen zu überwinden und das Unfassliche als Realität anzunehmen. Sie setzten den Bildern der Phantasie die Wirklichkeit entgegen. Überdies fand bei diesem Abschied eine

Gemeinschaft zusammen, die sich in der kommenden Zeit der Trauer gegenseitig begleiten und stützen sollte.

Mit dem Angebot, den Toten noch einmal zu sehen, sollte man die Angehörigen allerdings nicht bedrängen oder nötigen. Sie müssen frei und ohne schlechtes Gewissen entscheiden können. Wenn eine Begegnung mit dem Verstorbenen gewünscht wird, sollte man dafür ausreichend Zeit lassen und dafür Sorge tragen, dass Störungen unterbleiben. Auch sollte man den Trauernden in solchen Augenblicken Begleitung anbieten und ihnen eine unnötige Einsamkeit ersparen. Gerade weil die Nähe eines Toten und die Berührung mit ihm so ungewöhnlich geworden sind, brauchen Angehörige oft die Ermutigung und die Anregungen eines Dritten. Es hilft ihnen zumeist, wenn sie anfänglich jemanden in ihrer unmittelbaren Nähe wissen. Später dann macht es vielen Trauernden nichts aus, mit dem Verstorbenen allein zu sein, im Gegenteil: Manche wünschen es sogar ausdrücklich. Nicht wenige Angehörige nehmen darüber hinaus dankbar die Gelegenheit wahr, beim Waschen und Ankleiden des Verstorbenen zu helfen. Auch das kann eine hilfreiche Trauerarbeit sein, die das Annehmen der Wirklichkeit erleichtert. Zudem bietet dieser Dienst am Toten die Gelegenheit, noch einmal liebevoll Hand an ihn zu legen und für ihn zu sorgen. Das kommt den Bedürfnissen vieler Trauernder sehr entgegen, die es bedrückt, dass sie nichts mehr für den Verstorbenen tun können. Manchen Angehörigen ermöglicht es, nach dem Tod noch etwas nachzuholen und gut zu machen.

Damit der Abschied von einem Toten einen würdigen Rahmen findet, sollte es in Krankenhäusern, Pflegeheimen, in Beerdigungsinstituten und Friedhöfen entsprechende Räumlichkeiten geben. Es ist unwürdig und geschmacklos, den Angehörigen ein solches Abschiednehmen in einem sterilen Kellerraum oder einer Abstellkammer zuzumuten. Dennoch geschieht das immer wieder! Wenn Menschen zu Hause gestorben sind, sollten Ärzte und Bestatter die Angehörigen darauf aufmerksam machen und die Betroffenen wissen, dass es möglich ist, den Verstorbenen noch eine Zeit in der Wohnung zu behalten, um dort – in gewohnter Umgebung – von ihm Abschied nehmen zu können. Aus dem gleichen Grund kann man auch einen Toten von seinem Sterbeort aus zunächst in seine Wohnung und dann erst zum Friedhof überführen lassen.

Beim Abschiednehmen vom Toten, beim Be-greifen und Durch-schauen des Todes ist es vielen Angehörigen erfahrungsgemäß eine große Unterstützung, wenn ein Seelsorger den Weg an ihre Seite findet. Und doch weigern sich nicht wenige Priester und Seelsorger, der Bitte der Trauenden zu entsprechen und zu dem Toten und seinen Angehörigen zu kommen. Viele Hinterbliebene telefonieren und suchen deshalb stundenlang vergeblich nach einem geistlichen Beistand. Man hört für dieses Verhalten von Seelsorgern häufig als Begründung: *»Wenn der Mann/die Frau bereits tot ist, dann können wir jetzt sowieso nichts mehr tun!«* Und doch verkennt man dabei, dass es jetzt primär um die Hinterbliebenen und ihre Not geht. Sie sind es, die nach dem Seelsorger fragen und seine Hilfe brauchen. Die Angehörigen möchten für den Verstorbenen beten, weil sie glauben, dass sie das dem Toten schuldig sind oder weil sie sich selbst davon Trost und Kraft versprechen. Doch vielen fällt es verständlicherweise in dieser Situation schwer, sich zu sammeln und die richtigen Worte zu finden. Sie suchen deshalb nach dem Zuspruch eines Seelsorgers, nicht zuletzt um in ihrer Trauer den Tod mit den Augen des Glaubens sehen und daraus Hoffnung schöpfen zu können. Trauernden dieses Anliegen zu verweigern, das ist nur schwer zu verantworten und grenzt an unterlassene Hilfeleistung. Es heißt zudem die Gelegenheit ungenutzt lassen, Menschen angesichts des Todes beizustehen und ihnen gerade in einer so existenziellen Situation die wohltuende Bedeutung des Glaubens zu vermitteln. Das hat zur Folge, dass Menschen, die niedergeschlagen sind, zusätzlich enttäuscht und verletzt werden! Es ist unverständlich und bedauerlich, dass viele Seelorger sich dieser Herausforderung, sich unmittelbar und unverzüglich an die Seite Trauernder zu begeben, nicht stellen, weil das gemeinsame Beten und Ausharren am Totenbett eine große und heilsame Wirkung für die meisten Beteiligten hat. Gerade im Gebet wird hörbar, dass der Glaube vor dem Tod nicht verstummt und dass es eine Hoffnung gibt, die über den Tod hinausweist. Genau das ist es, was viele Trauernde in diesen Momenten sehnsüchtig suchen und was man ihnen nicht verweigern sollte. Hinzu kommt, dass der Seelsorger in der weiteren Begleitung der Trauernden auf diese Erfahrung zurückgreifen kann und sie häufig eine innere Verbindung zwischen ihm und den Betroffenen darstellt.

Den Toten begraben

Zwischen der Todesstunde und dem Begräbnis vergehen zumeist aufregende und mit Arbeit angefüllte Tage. Sie sind bestimmt von Planung und Organisation. Vielen Angehörigen bleibt deshalb keine Zeit und keine Ruhe, um zu sich selbst zu finden oder aber ihrer Trauer nachzugehen. Die Erinnerung an den Tod und die durch ihn entstandene Lücke im eigenen Leben wird den Hinterbliebenen oft nur durch die Nachfragen bei den Beileidsbekundungen neu bewusst: »*Wie ist das denn passiert?*« – »*Hat er denn Schmerzen gehabt?*« – »*Wie kommen Sie damit zurecht?*« Zu vieles nimmt das Herz und den Verstand gleichzeitig in Beschlag. Dieser Vorbereitungsrummel und Organisationsstress wird von Betroffenen nicht selten positiv empfunden und gewertet, weil er sie von ihrer Trauer und ihrem Schmerz ablenkt. Andere hingegen wünschten sich, alles das nicht tun zu müssen, um für sich sein und trauern zu können.

Es ist verwunderlich und oft bewundernswert, was Trauernde noch zu leisten imstande sind, obwohl sie häufig bereits anstrengende Wochen und Monate der Sorge und Mühe um einen Sterbenden hinter sich haben. Doch viele Trauernde bringen diese eiserne Disziplin auf und funktionieren den Anforderungen entsprechend, weil sie sehr genau wissen, dass ein Innehalten und ein näheres Nachdenken zum Zusammenbruch führen würden.

Am Ende der vielen Vorbereitungen steht der Tag der Beerdigung. Er ist ein Meilenstein auf dem Weg der Trauer. Viele Hinterbliebene fürchten sich vor ihm, weil er sie nochmals gnadenlos mit dem Tod konfrontieren wird. Sie wissen, dass das Absenken des Sarges in die Erde ihnen unmissverständlich vermitteln wird, dass es kein Zurück mehr gibt. So beängstigend dieser Abschied am Grab zunächst auch wirkt, so sehr ist er doch – wie das bewusste Abschiednehmen vom toten Körper – ein wichtiger Bestandteil im Trauerprozess. Er hilft den Trauernden, die Realität anzunehmen und später nach Wegen zu suchen, mit der veränderten Wirklichkeit zu leben. Zumeist kann erst, wenn das Grab geschlossen ist, ein neuer Trauer- und Lebensabschnitt beginnen.

Es lässt sich vieles tun, um diesen Abschied am Grab würdevoll zu gestalten. Mit entsprechenden Gestaltungselementen und Worten kann man den Angehörigen das Abschiednehmen ein wenig erleichtern und ermöglichen, dass dieser Tag in ihrer Erinnerung auch etwas Tröstliches behält. Das macht auf die Bedeutung aufmerksam, die einer intensiven Vorbereitung der Trauerfeierlichkeiten zukommt. Ihr Verlauf kann eine wirkliche Hilfe für den weiteren Weg sein. Der zeitliche Druck jedoch, unter dem viele Beerdigungstage stehen, und ihre oft schematische »Abwicklung« lassen den Sinnen und den Gedanken häufig wenig Möglichkeit für den Abschied und für eine sinnenhafte Wahrnehmung dessen, was geschieht. Hier müsste von Seiten der Friedhofsämter, Bestattungsunternehmen und Kirchengemeinden viel mehr auf die Bedürfnisse Trauernder eingegangen und Rücksicht genommen werden! Bei der Gestaltung der Trauerfeierlichkeiten wird zudem häufig nicht die richtige Akzentsetzung gefunden. Ein christlicher Beerdigungsritus beispielsweise muss die menschliche Trauer *und* die österliche Hoffnung gleichermaßen berücksichtigen. Nur selten wird man den Angehörigen mit gestalterischen Extremen gerecht. Weder eine düstere Trauermesse noch eine hoffnungsstrotzende Auferstehungsfeier entsprechen in aller Regel den Empfindungen der Angehörigen und den Notwendigkeiten der Situation! Es kann einerseits deprimieren, wenn man nur Moll-Akkorde und traurige Texte zu hören bekommt, und andererseits verletzen, wenn man ausschließlich fröhliche Osterlieder und eine Aneinanderreihung religiöser Vertröstungen ertragen muss. Um die richtigen Akzente zu setzen und die passenden Gestaltungselemente finden zu können, ist ein vorheriges Gespräch mit den Betroffenen, manchmal sogar eine gemeinsame Vorbereitung und Abstimmung unverzichtbar. Wo die Seelsorge oder das Bestattungshaus das nicht von sich aus anregt, sollten die Angehörigen im eigenen Interesse darauf drängen.

Es ist beschämend, dass viele Trauer»feiern« nichts anderes als lieblose und gedankenlose Abfertigungen sind. Wie oft wird es versäumt, die Betroffenen persönlich anzusprechen, werden Namen falsch ausgesprochen oder verwechselt, werden biographische Angaben unkorrekt wiedergegeben oder ganz versäumt. Mit einer solchen Gestaltung, die jedes Engagement und jeden persönlichen Bezug zum Toten vermissen lässt, wird den Hinterbliebenen Gewalt angetan und ihre Trauer vertieft! Das trägt mit dafür Verantwortung, wenn manche Trauernde fürchterliche Erinnerungen mit dem Tag der Beerdigung verbinden und später nur ungern an das Grab gehen.

Die Bedeutung, die dem Beerdigungstag für den Trauerprozess zukommt, wird aber auch oft dadurch beeinträchtigt und genommen, weil Trauernde mit Beruhigungsmitteln (über)versorgt werden, so dass ihnen

»Wie ein Weizenkorn«

jede differenzierte Wahrnehmung unmöglich ist. Viele können sich aus diesem Grund später an nichts mehr erinnern. Ihnen fehlt unwiederbringlich ein wichtiger Tag auf dem Weg der Trauer. Das bedrückt viele zutiefst! Manche Ärzte sollten deshalb noch genauer überlegen, ob die Verschreibung eines Medikamentes wirklich notwendig ist. Oft wird die seelische und körperliche Kraft der Trauernden unterschätzt und ihnen zu wenig zugetraut. Manche Hinterbliebenen ziehen ihren Wunsch nach Beruhigungsmitteln zurück, wenn ihnen ein Arzt oder ein Angehöriger Mut macht und sie auf die Bedeutung hinweist, die das bewusste Erleben dieses Tages haben kann. Es gibt viele Trauernde, die so später glücklich und auch stolz darauf sind, dass sie diesen Tag gut überstanden und vieles in Erinnerung behalten haben.

Ähnliches trifft auf Kinder zu. Sie müssen oft am Tag der Beerdigung zu Hause bleiben, weil man sie vor der Konfrontation mit dem Tod und den Tränen der Anwesenden schützen möchte. Damit versagt man den Kindern ihre eigene Trauer und nimmt ihnen eine wichtige Gelegenheit, von einem geliebten Menschen Abschied zu nehmen. Doch auch Kinder haben ein Recht auf Abschied, Trauer und Tränen! Wenn man ihnen diese Seite des Lebens verheimlicht, erzeugt das in ihnen eine unnötige Angst vor dem Tod. Kinder gehen aber zumeist weit natürlicher und unkomplizierter mit der Vergänglichkeit des Lebens um, als es Erwachsene tun. Ihnen hilft es beim Annehmen und Verstehen des Todes, wenn sie mit den Augen verfolgen dürfen, wie der Sarg mit dem Leichnam des Toten in der Erde verschwindet und später von ihr bedeckt wird. Kinder realisieren so, dass etwas zu Ende gegangen ist, und beginnen darüber nachzudenken und danach zu fragen, wohin die Menschen gehen, wenn sie in die Erde gekommen sind. Sie scheinen intuitiv zu spüren, dass der Tod nicht das letzte Wort hat. Kinder finden so vielfach ganz unvermittelt einen eigenen Umgang mit dem Tod und der Trauer, der für viele Erwachsene vorbildlich und anregend ist. Hier bewahrheitet sich oft das biblische Wort: »Wenn ihr nicht werdet wie die Kinder« (Mt 18,3).

Ein Beispiel:

Anlässlich der Beerdigung eines Säuglings erhielten einige Kinder aus der Verwandtschaft die Gelegenheit, die Trauerhalle zu gestalten. Die meisten von ihnen brachten selbstgemalte Bilder mit Motiven, wie sie sich das Leben im Himmel vorstellen, Blumen und ein paar Spielzeuge mit. Mit diesen Gegenständen schmückten sie die Trauerhalle, in deren Mitte der weiße Kindersarg stand, und gaben ihr so ein ungewohnt buntes und optimistisches Bild. Die Kinder bewegten sich dabei ganz unbefangen. Nichts ließ da-

rauf schließen, dass sie sich vor dem Tod ängstigten. Das Verhalten der Kinder und die Gestaltung der Trauerhalle waren gerade in dieser tragischen Situation für viele Erwachsene in der Trauergemeinde wohltuend und tröstlich. Beides vermittelte eindringlich, wie sehr der Tod ein normaler Bestandteil des Lebens ist und wie nahe Leben und Tod beieinander liegen. Es wurde klar, wie sehr es von der menschlichen Einstellung abhängt, welche Bedeutung und Macht der Tod besitzt.*

Kinder sind bei ihrer Deutung des Todes selbstverständlich auf Unterstützung und Antworten angewiesen. Das zu leisten ist eine besondere Herausforderung, die Einfühlungsvermögen und Phantasie verlangt. Viele Erwachsene unter den Trauernden finden durch Gespräche mit trauernden Kindern dabei selbst zu einem anderen Verständnis des Todes und zu einem neuen Glauben. Wie sagt das Sprichwort: »Kindermund tut Wahrheit kund.«

Auch das kann ein Beispiel verdeutlichen:

Bei der Beisetzung einer jungen Mutter standen ihr Ehemann und die sechsjährige Tochter in der ersten Reihe der Trauernden am Grab. Der Mann war tränenüberströmt und völlig verzweifelt, und das Mädchen hielt den Vater fest an der Hand. Während der gesamten Beisetzungsfeier regnete es unentwegt; es war im Ganzen ein trostloses Bild. Da sagte das Mädchen zu seinem Vater: »Papa, wir dürfen nicht traurig sein und weinen. Siehst du nicht, wie die Mama ihre Tränen vom Himmel weint, weil sie sieht, wie traurig wir sind?! Die Mama soll aber nicht weinen müssen! Papa, lass uns deshalb jetzt tapfer sein.«

Viele Angehörige beschleicht bei der Beerdigung am Grab ein Gefühl von Sinnlosigkeit. Sie sehen, wie das Leben in der Erde versinkt, und fragen sich, ob es wirklich eine Hoffnung in dieser Dunkelheit geben kann. Man sollte es deshalb nicht versäumen – gerade aus der Sicht des christlichen Glaubens –, dieser drängenden Frage nachzugehen und nach einer Seh- und Interpretationshilfe für das Zeichen des Grabes zu suchen. Da die Aufmerksamkeit vieler Trauernder anfänglich noch begrenzt ist, muss das nicht unbedingt mit vielen Worten geschehen. Oft helfen einfache Sätze oder bildhafte Vergleiche. Wenn man beispielsweise das offene Grab, in das man den Verstorbenen legt, mit den Händen Gottes gleichsetzt, die für den Menschen geöffnet sind, dann kann allein das schon den Angehörigen dabei helfen, den Toten loszulassen und ins Grab zu legen. In ihren Gedanken kann sich so die Hoffnung verankern, dass die Toten nicht der Erde überlassen sind, sondern den Händen Gottes anvertraut werden. Das vielen Angst machende Grab wird auf diese Weise zum Zeichen für die offenen Hände Gottes und zum Ort des Übergangs in ein

Leben, das von den liebe- und sorgenvollen Händen des Schöpfers gestaltet und geprägt wird.

Eine ähnliche Hilfe bietet Sieger Köder mit seinem Bild »Wie ein Weizenkorn« an. Er beantwortet mit einer leisen Andeutung im Bilddetail die Frage nach dem Sinn des Todes und macht das Grab so zum Zeichen einer neuen Hoffnung. Sieger Köder gestattet dem Betrachter einen Blick in das Innere des Grabes und damit in das, was sonst menschlichen Augen verborgen ist. Er lässt so im bildhaften Sinne sichtbar werden, was der Christ hofft und mit den Augen des Glaubens sieht. Das Grab öffnet sich an der dem Betrachter abgewandten Seite, so dass das Licht des Ostermorgens auf den Körper des Toten fallen kann. Langsam, am Kopf beginnend, verwandelt sich der Leichnam unter dem Glanz der hellen Morgensonne, und die Spuren der Dornenkrone und die Wunden unter den Leinenbinden am Kopf des Toten lösen sich auf. Es erscheint nur noch als eine Frage der Zeit, bis auch die anderen Merkmale von Leid und Qual und die weiteren Hinweise auf die Begrenztheit und Unfreiheit irdischer Existenz am Leichnam des toten Christus aufgehoben werden. Der Tote verwandelt sich in eine höhere Form des Lebens. Sie kennt weder Leid noch Grenzen und wird dem Leben und dem Licht dessen ähnlich, der dieses neue Leben schenkt: Gott. Im Tod, für den das Grab stellvertretend steht, geschieht also etwas Vergleichbares wie im Kokon des Schmetterlings: Nachdem sich die Raupe mühselig durch ihr Dasein gewunden hat und scheinbar gestorben und sich zum Kokon verwandelt hat, beginnt unter der Wärme und dem Licht der Sonne die wunderbare Verwandlung zum Schmetterling.

Das Bild »Wie ein Weizenkorn« hat etwas Tröstliches, weil es Perspektive schenkt. Das Grab wird als ein Raum mit zwei Türen dargestellt. Sobald sich die eine Tür zum irdischen Leben mit der Beerdigung des Toten schließt, öffnet Gott, symbolisiert in der Morgensonne, die andere Tür, die den Weg in das neue und jenseitige Leben freigibt, das keine Schwere und keine Grenzen kennt. Wenn das Grab so oder ähnlich gedeutet und verstanden wird, fällt vielen Angehörigen das Loslassen eines Toten leichter. (Schon die Aushändigung und kurze Betrachtung dieses Sieger Köder-Bildes im Kontext der Beerdigung kann Trauernden erfahrungsgemäß eine große Hilfe sein, ihren Weg mit innerer Fassung und Hoffnung weiterzugehen.)

Das Grab wird für viele Hinterbliebene ein wichtiger Ort ihrer Trauer bleiben, gleich welche Interpretation es gefunden hat, weil dort die letzte irdische Begegnung mit dem Toten stattfand. Angehörige fühlen sich deshalb dort vielfach ihren Verstorbenen am nächsten. Manche bringen darüber hinaus das Grab unmittelbar mit der Auferstehung ihrer Toten in Verbindung. Es darf deshalb nicht wundern, dass Hinterbliebene immer wieder zu den Gräbern zurückkehren, und es verbietet sich, Trauernden deshalb Vorhaltungen zu machen. Vielmehr sollte man ihnen statt dessen anbieten, gemeinsam mit ihnen an das Grab zu gehen. Auch wenn viele Trauernde gerne allein am Grab sind, so wissen doch die meisten von ihnen ein solches Angebot zu schätzen, und sei es nur, dass sie es als ein Zeichen des Verständnisses und des guten Willens ansehen. Sie spüren dabei, dass man ihre Trauer teilt und mit ihnen die Nähe zum Toten sucht. Das schafft Verbundenheit. Allerdings gibt es auch viele Hinterbliebene, denen das Grab nach der Beerdigung wenig bedeutet. Manche kommen nie wieder dorthin zurück. Auch das kann ein natürlicher und durchaus angemessener Ausdruck der Trauer sein, denn Trauer verwirklicht sich nicht zuletzt auch in der Suche nach Distanz und Abstand von den Toten. Man sollte deshalb Trauernden den Vorwurf der Pietätlosigkeit und inneren Kälte ersparen, nur weil sie das Grab ihres Verstorbenen meiden!

»Maria von Magdala am Grab«

»Warum hast du mich allein gelassen?«

Nach der Beerdigung dauert es oft nur wenige Tage, bis Trauernde unter der Last ihrer neuen Situation ähnlich zusammenbrechen, wie es das Sieger Köder-Bild »Maria von Magdala am Grab« von der Weggefährtin Jesu zeigt. Schonungslos tritt zutage, was bisher viele Verpflichtungen und Aufgaben überdecken konnten, und über den Trauernden bricht herein, wovor der Schock bisher geschützt hatte. Plötzlich wird das ganze Ausmaß des Verlustes bewusst. An zahllosen Kleinigkeiten im alltäglichen Lebensvollzug wird stets neu schmerzlich erfahrbar, wie sehr der Verstorbene fehlt. Ein Gefühl der Einsamkeit und der inneren Leere verdichtet sich und wird noch dadurch verstärkt, dass viele Menschen, die bis zum Tag der Beerdigung in der Nähe der Hinterbliebenen waren, jetzt nicht mehr da sind. Die Trauernden scheinen auf sich selbst gestellt zu sein. Die Belastungen der Beerdigungvorbereitung, insbesondere wenn dem Tod ein längerer Weg der Pflege und Sterbebegleitung vorausgegangen ist, zehren zumeist intensiv an den körperlichen und seelischen Kräften der Betroffenen. Sie haben deshalb dem Chaos ihrer Gefühle nichts mehr entgegenzusetzen und sehen sich von den vielfältigen Herausforderungen der neuen Situation überfordert, nicht selten auch von den alltäglichen Aufgaben, die ihnen sonst keine Mühe bereitet haben. Alles das macht ihnen Angst. Viele, oft sehr gegensätzliche Gefühle ergreifen Besitz von den Trauernden und zerreißen sie innerlich. Da gibt es das Gefühl der Verzweiflung, weil man sich von der Zukunft maßlos überfordert sieht, und wenig später schon das Gefühl unheimlicher Gelassenheit, die alles in Ruhe auf sich zukommen lassen möchte. Da ist die Klage und die Wut – auch auf den Verstorbenen –: *»Warum hast du mich allein gelassen?« – »Was ist mir geblieben?«*, und die aufgesetzt wirkende Zuversicht: *»Ich werde schon noch was aus meinem Leben machen. Ja, jetzt bin ich erst richtig frei!«* Da verweilen Betroffene lange in Erinnerungen und blicken auf Andenken und Fotos des Verstorbenen, und schon wenige Augenblicke später räumen sie alles beiseite, was nur einen leisen Erinnerungswert besitzt. Unvermittelt und spontan wechseln Tränen, innere Regungslosigkeit und heiteres Lachen, ohne dass es dafür eine feste Regel oder einen erkennbaren Grund gäbe. Die tiefe Verzweiflung der Trauer und die seelische Aufgeriebenheit stehen den Betroffenen sichtbar in die Gesichtszüge und die Körperhaltung geschrieben, ganz wie man es an der Maria von Magdala im Bild Sieger

Köders sehen kann. Das macht vielen Trauernden eine Identifikation mit diesem Bild leicht und Außenstehenden nachvollziehbar, wie manche Hinterbliebene ihre Situation erleben.

Gerade für Außenstehende sind das Ausmaß und die Form der Trauer der Hinterbliebenen vielfach nur schwer nachzuvollziehen, manchmal auch unerträglich. Viele der guten Worte, nach denen man gesucht und um die man intensiv gerungen hat, scheinen bei den Trauernden auf unfruchtbaren Boden zu fallen. Beinahe macht es den Eindruck, als wäre jedes Reden sinnlos und würden selbst Wunder nicht helfen können. Die kleinen Zeichen der Aufmerksamkeit, mit denen man die Stimmung der Betroffenen aufhellen und Hoffnung vermitteln wollte, werden anscheinend übersehen, so wie Maria von Magdala im Bild Sieger Köders die Rosen am Rand des Grabes nicht wahrzunehmen scheint. Nichts vermag offensichtlich den Schmerz zu lindern. Auch die Deutungen des Glaubens finden kein wirkliches Gehör. Soviel man auch davon spricht, dass die Kraft des Todes gebrochen ist, dass es einen neuen Horizont für das Leben gibt und dass für den Toten ein neuer und unvergleichlicher Morgen begonnen hat – von diesen tröstlichen Perspektiven kündet der Bildhintergrund bei Sieger Köder –, so sehr zieht all das doch an den meisten Betroffenen wie ein Windhauch wirkungslos vorbei. Statt dessen scheinen manche gut gemeinten Worte ungewollt den Zustand tiefer Verzweiflung noch zu intensivieren. Wenn Trauernde keine Perspektive mehr sehen und man ihnen ausgerechnet dann im Vorübergehen ahnungslos zuruft: *»Das Leben geht weiter!«*, wenn sie an sich selbst verzweifeln und man ihnen in diesem Augenblick beruhigend zuspricht: *»Du schaffst das schon!«*, dann kann das ihre Verletztheit und ihren Schmerz noch vergrößern. Nicht selten bedrückt und verärgert sie auch – ganz anders als intendiert – der religiöse Trost. Vielen Trauernden ist es unerträglich, etwas vom Loslassen, von der Verwandlung und vom zukünftigen Leben zu hören, wenn sie eigentlich den Toten festhalten möchten, sich intensiv die vergangenen Zeiten herbeisehnen und Angst vor ihrer Zukunft haben. *»Was redest du da von Hoffnung und Zukunft, wo mir nach Weinen zumute ist und mir schon dieser Tag zu viel wird! Ich will nicht, dass sich das Leben meines Mannes wandelt, ich will, dass er zurückkommt, ich will ihn nicht loslassen, sondern behalten!«*

Vieles, was man Trauernden sagt, kommt aus einer großen und verständlichen Unsicherheit. *»Was soll man sagen, was soll man tun, ohne etwas falsch zu machen?«* Manches Wort und manche Geste aber verraten auch ein erschreckend geringes Maß an Einfühlungsvermögen und Mitgefühl. Sie zeugen davon, dass die Betreffenden nur etwas sagen, um etwas gesagt zu haben. Hier wie dort scheint aber oft das Schweigen klüger zu sein, nicht nur weil man mit Worten Gefahr läuft, etwas Falsches zu sagen, sondern weil man als Außenstehender nur selten einer so bedrängenden Situation eines anderen gerecht werden kann. Deshalb erscheint das Angebot von Nähe und treuer Wegbegleitung, das sicher immer wieder auch die Möglichkeit zur Aussprache bietet, sinnvoller als das Formulieren großer Worte. Schließlich sind häufig praktische Hilfen bei der Bewältigung der alltäglichen Lebensaufgaben viel dringlicher als verfrühte Deutungsangebote und Tipps im Umgang mit der Trauer.

Viele Menschen im Umfeld von Trauernden fühlen sich von der wechselhaften Stimmungslage der Betroffenen und den scheinbar unerfüllbaren Anforderungen einer Begleitung überfordert und ziehen sich deshalb zurück. Nicht selten verbinden sie dies mit dem Vorwurf an die Hinterbliebenen, dass diese ihre Trauer zelebrieren und sich nicht ausreichend um einen Ausweg bemühen. Solche Moralisierung und verständnislose Zurechtweisung treibt viele Trauernde in eine zusätzliche Isolation. Zu der Trauer um den Verstorbenen kommen nun noch die Einsamkeit und das Gefühl hinzu, von den Mitmenschen nicht mehr verstanden zu werden. Das drückt die Betroffenen noch mehr nieder und verstärkt den Eindruck maßloser Überforderung. Zusätzliche Belastungen dieser Art sollte man den Betroffenen ersparen und den Mut aufbringen – wenn denn ein Rückzug aus ihrer Umgebung sein muss –, das ehrlich mit den eigenen Grenzen und mangelnden Fähigkeiten zu begründen.

Trauernde entwickeln in dem Wirrwarr von Gefühlen, die der Verlust eines Menschen auslösen kann, vielfach eine große Lebensmüdigkeit und tiefe Todessehnsucht. Den Verstorbenen in den Tod zu folgen, das wird von Betroffenen in der ersten Zeit der Trauer häufig als eine Problemlösung angesehen. Auf diesem Weg könnten sie ihre Trauer beenden und ein neues Leben in Gemeinschaft mit dem Verstorbenen beginnen. So nachvollziehbar dieser Gedanke auch ist, so selten versuchen Hinterbliebene ihn wirklich zu realisieren. In der Regel siegt ein scheinbar unbeugsamer Lebenswille im Menschen. Er ist schließlich wohl auch der entscheidende Grund dafür, weshalb die meisten einen Weg aus der Trauer finden. Wo jedoch Trauernde unentwegt mit Selbsttötungsabsichten spielen und diesem Gedanken nichts entgegenzusetzen haben, ist die Konsultation eines Arztes oder Therapeuten angeraten. Was Hinterbliebenen in der großen Verzweiflung der Betroffenen, ganz besonders in der Phase der

Lebensmüdigkeit und Lethargie besonders hilft, ist zumeist die treue und verständnisvolle Weggefährtenschaft ihrer Mitmenschen. Sie kann das Gefühl der Einsamkeit und Verlassenheit nehmen und den Betroffenen ein neues Gespür für den Wert ihres eigenen Lebens vermitteln. Ganz besonders auch die Begegnung und das Gespräch mit ähnlich Betroffenen können ihnen vermitteln, dass vieles von dem, was sie in ihrer Trauer leidvoll und an sich selbst fassungslos erleben, nicht krank und anormal ist, sondern als Symptom eines erlittenen Verlustes angesehen werden kann, den viele Trauernde durchleiden.

Ohne genaue Angaben über den Zeitpunkt zu machen und Regeln aufzustellen: Das Gefühl der Trauer wird für die Betroffenen mit der Zeit zur Gewohnheit, die Wechselhaftigkeit ihrer Gefühle nimmt ab, und jeder neue Tag beweist ihnen eindringlich, dass das Leben – wenngleich anders als angenommen – doch irgendwie weitergeht. Zunehmend wächst wieder die Bereitschaft, das Leben nicht nur an sich vorbeiziehen zu lassen, sondern es bewusst zu gestalten. Behutsam entwickelt sich der Mut, Aufgaben eigenständig zu übernehmen, auch solche, die bisher dem Verstorbenen überlassen waren. Manchmal formt sich sogar der Wille, in der Zukunft eigene und vor allem von der Vergangenheit unabhängige Wege zu gehen. Jeder Trauernde braucht *seine* Zeit, bis er zu diesem Punkt findet, und oft ist der Weg dorthin von einem Auf und Ab gekennzeichnet. Aber die allermeisten Trauerverläufe finden zu diesem Ziel. Viele Formen, in denen sich die Trauer ausdrückt, müssen nicht beunruhigen, sondern sind lediglich Ausdruck der Vielfältigkeit der Menschen, ihrer Lebenssituationen und Verhaltensmuster. Dieses Wissen ist für die Trauernden und für ihre Begleiter wichtig. Man sollte die Betroffenen deshalb in ihrer Trauer nicht bedrängen, sondern jedem Einzelnen die Zeit lassen, die er für *seinen* Weg benötigt, und ihn bis dahin mit Geduld und Ausdauer begleiten.

Erst wenn sich die Gefühle der Trauernden etwas beruhigt haben, ist meist die Gelegenheit für religiöse Deutungsversuche und Antworten. Nur langsam melden sich in den Betroffenen die entsprechenden Fragen. Das nun stellt die allgemeine Praxis der Trauerpastoral gerade in den Kirchen und Religionsgemeinschaften in Frage. Kirchliche Seelsorge und Verkündigung geben im Trauerprozess oft Antworten zu einer Zeit, in der die entsprechenden Fragen noch nicht gestellt werden. Es verwundert deshalb nicht, wenn Geistliche und Laien den Eindruck haben, viele gut gemeinte Worte beim Trauerbesuch und am Beerdigungstag seien an den Angehörigen wirkungslos vorübergegangen. Vorschnell wird daraus der Schluss gezogen, die entsprechenden Trauernden seien an der Botschaft des Glaubens nicht wirklich interessiert. Doch ihre Verschlossenheit signalisiert nicht unbedingt ein Desinteresse, sondern ist zumeist mehr ein Symptom ihrer Trauer. Hinzu kommt, dass die geringe Verankerung in der Welt des Glaubens und die lose Bindung an die Kirchen den Betroffenen den Zugang zur Osterbotschaft und ein Verstehen erschweren. Gerade deshalb aber ist eine seelsorgerliche Begleitung wichtig, die noch eine Begegnung und geduldige Auseinandersetzung mit den Betroffenen in einer späteren Phase ihrer Trauer kennt. Jedoch ist kirchliche Seelsorge hier häufig nicht mehr greifbar, weil sie dann bereits ihre Aufmerksamkeit für die Trauernden eingestellt hat. Wo hören Trauernde nach der Beerdigung noch einmal etwas von ihrem Seelsorger? So nehmen sich die Kirchen eine Möglichkeit, ihre Botschaft von Tod und Auferstehung im Leben der Menschen zu verankern, und die Religionsgemeinschaften die Chance, ihre Antwort auf die Sinnfrage zu formulieren. In einer Zeit, in der viele in Distanz zu Kirche und Glauben stehen, sind Trauernde darauf angewiesen, dass die Pastoral ihnen nachgeht und ihnen im zeitlichen Abstand von der Beerdigung noch einmal die Gelegenheit zur Begegnung und zur Auseinandersetzung mit der religiösen Deutung des Todes schenkt. Das aber erfordert ein grundsätzliches Umdenken in der Trauerpastoral!

»Auf dem Weg in ein Dorf namens Emmaus«

Trauer – ein mühsamer Weg

Die Trauer wird von vielen Betroffenen als ein mühseliger Weg und langer Prozess erlebt, der geprägt ist von unterschiedlichsten Stimmungslagen, und sich im Rückblick in verschiedene Phasen und Etappen einteilen lässt. Über weite Strecken macht es den Eindruck, als gingen die Trauernden unaufhaltsam einer persönlichen Katastrophe entgegen und würden sich nicht mehr aus dem Sog ihres Schmerzes und Kummers befreien können. Das Bild »Auf dem Weg in ein Dorf namens Emmaus« von Sieger Köder versucht eine größere Wegstrecke eines solchen Trauerprozesses und die oft gegensätzlichen Empfindungen auf dem Weg ins Bild zu bringen. Durch die Nutzung der unterschiedlichen Bildebenen wird die Darstellung verschiedener Etappen möglich, durch die Verwendung von hellen und dunklen Flächen werden die gegensätzlichen Stimmungen zum Ausdruck gebracht, von denen ein Trauerweg geprägt ist, und durch den im Bild bergab führenden Weg wird das persönliche Empfinden vieler Trauernder aufgegriffen, nach dem die Trauer zunächst in eine Krise führt.

Gemäß der biblischen Erzählung vom Gang der Jünger nach Emmaus (Lk 24,13-35), die dem Bild zu Grunde liegt, gehen hier zwei Menschen gemeinsam den Weg ihrer Trauer. Die beiden Emmausjünger haben den Weg Jesu begleitet und seinen Tod erlebt. Sie waren also Lebens- und Sterbebegleiter Jesu. Diese gemeinsame Erfahrung verbindet die beiden und bewahrt sie auf dem Weg der Trauer und beim Abstieg in die Krise zumindest vor einem: der Einsamkeit. Ähnlich beschreiben es diejenigen, die gemeinsam mit Freunden und Angehörigen das Sterben eines Menschen begleitet und seinen Tod erlebt haben. Sie fühlen sich durch die gemeinsame Erfahrung und Beziehung zum Verstorbenen untereinander verbunden. Wenn auch jeder Mensch seinen eigenen Gedanken nachgeht und seine Trauer anders lebt, so schenkt doch das Wissen um eine Gemeinschaft, die das Gleiche erlebt hat und ähnlich empfindet, Trost und Halt. Sie bietet die Möglichkeit, im Gespräch Erfahrungen auszutauschen und zusammen in die Welt der Erinnerungen zu treten. Das gemeinsame Erleben erleichtert den Austausch über die Eindrücke der Vergangenheit. Über manches braucht man keine vielen Worte zu verlieren, weil es jeder selbst erlebt hat und jeder schon bei einer Andeutung weiß, was gemeint ist. Das ermöglicht, dass manche Bilder, von denen die Erinnerung stark belastet wird, zusammen aufgearbeitet werden können: *»Hast du diesen Mo-*

ment auch so schrecklich erlebt?« – *»Mich belastet diese Erinnerung, dich auch?«* Fragen und Zweifel, die einen Trauernden sonst vielfach allein quälen, können zusammen angegangen und geklärt werden: *»Haben wir alles richtig gemacht?«* – *»Haben wir richtig verstanden, was sich der Verstorbene zum Schluss gewünscht hat?«* – *»Sind wir ihm gerecht geworden?«* Man hat die Gelegenheit, sich immer wieder neu zu erzählen, was in der Zeit des Abschieds prägend und was typisch für den Charakter des Verstorbenen war. Man erlebt, wie andere die eigenen Beobachtungen durch ihre Erfahrungen ergänzen und das Gesamtbild vervollständigen. So kann man weite Strecken des Trauerweges gemeinsam gehen. Mal dominieren dabei die traurigen Erinnerungen an den Abschied und den Tod, so dass man miteinander weint, mal sind die frohen Erinnerungen beherrschend und werfen so etwas Licht und Helligkeit auf den Weg. Die Gemeinschaft in der Trauer bewahrt vor der Einsamkeit. Man muss nicht alleine nachdenken, sich erinnern, weinen, verzweifelt oder ratlos sein, man steht nicht verlassen mit seinen Gefühlen und inneren Spannungen. Das erspart zwar nicht die Mühe und den Schmerz des Weges, aber es schenkt Erleichterung. Diese hilfreiche Weggemeinschaft unter Hinterbliebenen ist oft die Frucht einer gemeinsamen Sterbebegleitung.

Doch der im Sieger Köder-Bild beschriebene Weg einer gegenseitigen Begleitung derer, die zusammen den Weg der Sterbebegleitung gegangen sind, muss nicht immer die Harmonie und Unterstützung hervorbringen, wie sie zwischen den Emmausjüngern zu spüren ist. Manchmal verlaufen Trauerprozesse so unterschiedlich und drücken sich so gegensätzlich aus, dass ein gemeinsamer Weg schwierig wird. Gerade dort, wo Menschen eng miteinander verbunden sind, führt die Feststellung, dass ein geliebter Mensch anders mit der Trauer umgeht, oft zu großen Enttäuschungen. Manchen fällt es schwer, die notwendige Toleranz und den Respekt davor aufzubringen, dass andere mit der gleichen Situation so unterschiedlich umgehen. Nicht selten ziehen Betroffene daraus den Schluss, dass bisher nahestehende Menschen nicht (mehr) zu ihnen passen und sie sich deshalb von ihnen trennen müssen. Gerade bei Ehepaaren ist dieses traurige Phänomen häufig zu beobachten. Die unterschiedliche Art des Trauerns, beispielsweise um den Tod eines Kindes, führt oft zu großen Missverständnissen und schließlich zur Trennung und Scheidung von Ehepaaren. Deshalb sollte man – bei aller Nähe zu einem anderen Menschen und aller Gemeinsamkeit des Weges – immer auch versuchen, einen Abstand zueinander zu wahren, der einen individuellen Umgang mit der Situation und den

Herausforderungen möglich macht und dennoch gewährleistet, dass man sich gegenseitig im Blick behält und das Verbindende eines gemeinsamen Verlustes nicht aus dem Auge verliert.

Der Weg der Trauer führt – unabhängig, ob er in Gemeinschaft gegangen wird – vielfach vom Weg des normalen Lebens ab. Die Zurückgezogenheit auf sich selbst und die Übermacht bedrängender Bilder und aufwühlender Gefühle lassen den Bezug zur Gegenwart und zur Zukunft geringer werden. Die Sozialkontakte Trauernder nehmen deshalb häufig ab. Sie leben in gewisser Hinsicht in ihrer eigenen Welt, was eine Hilfe und Unterstützung von außen erschwert. Ähnliches ist ausgedrückt, wenn in der Bibel berichtet wird, dass die beiden Emmausjünger in ihrer Trauer von Jerusalem, der Stadt, in der das Leben pulsiert, nach Emmaus gehen, einem kleinen, unbedeutenden Ort abseits vom Leben der Großstadt.

Ebenso unabhängig von aller Gemeinschaft wird der Weg der Trauer in der Regel als ein Gang in die Krise empfunden. Er führt, wie im Bild dargestellt, talwärts. Die Trauer konfrontiert mit Grundgefühlen, Urängsten und Sinnfragen. Wie der Weg der Emmausjünger und die Erfahrungen vieler Hinterbliebener belegen, führt kein Weg an diesen Erfahrungen vorbei. Dieser Prozess muss vermutlich von allen durchlaufen werden. Während dieser Zeit wird das Aufarbeiten der Vergangenheit ermöglicht und Raum für das gedankliche Nachspüren und Erfassen des Geschehenen gegeben. Die Betroffenen können langsam den Verlust realisieren, sich der drastisch veränderten Realität stellen und ihren eigenen Standpunkt finden. Zunehmend wird dabei in vollem Umfang erkennbar, welche Folgen der Verlust eines Menschen für das Leben der Betroffenen hat. Erst nach dieser nüchternen und schmerzlichen Bestandsaufnahme entwickelt der Trauernde die Freiheit und die Bereitschaft, nach neuen Perspektiven für die Zukunft zu suchen und sich dem Leben unter seinen veränderten Bedingungen zu stellen.

Manche Betroffenen haben auf dem Weg durch die Trauer die Befürchtung, der Abstieg in die Krise könne kein Ende nehmen. Das Bild Sieger Köders spricht gegen diese Sorge. Im unteren Bildteil hält er den Wendepunkt auf dem Trauerweg der Emmausjünger fest. Wie beinahe in jedem Trauerprozess machen auch sie die Erfahrung, dass die Krise zu einer Klärung führt. Ohne dass vorher für das Eintreffen dieses Augenblicks ein Zeitpunkt hätte genannt werden können, kommt der Moment, wo der Blick der Trauernden wieder von der Vergangenheit wegführt und sich vorsichtig der Zukunft zuwendet. Der Trauernde bricht wieder in das

Leben auf, so wie die Jünger des Evangeliums Emmaus verlassen und nach Jerusalem zurückkehren. Von besonderem Licht und vorwärts gerichteter Dynamik ist dieser Wendepunkt vielfach durchdrungen, wenn Menschen zu der gläubigen Überzeugung finden können, dass der Weg in die Zukunft auch deshalb angetreten werden sollte, weil er am Ende in das Wiedersehen und in die Begegnung mit dem Verstorbenen führen wird. Das ist es, was den Emmausjüngern beim Brotbrechen bewusst wird: Jesus lebt, er ist unter ihnen, und sie werden ihm im ewigen Leben wieder begegnen. Der Satz des christlichen Glaubensbekenntnisses »Ich glaube an die Auferstehung der Toten und das ewige Leben« erfüllt das Gesicht der Jünger im Bild mit Licht und drängt sie zurück in das Leben, zurück nach Jerusalem. Die Hoffnung auf ein Wiedersehen im Reich Gottes und die Möglichkeit, die Nähe zu den Verstorbenen im Gebet und im Zeichen der Eucharistie zu finden und zu spüren, ermutigen viele Trauernde und bestärken sie darin, ihr Leben wieder aufzunehmen und zu gestalten.

Ungeachtet dessen bleibt es für jeden Hinterbliebenen eine schwere Aufgabe, wieder in das eigene Leben zurückzufinden, gleich ob er nun mit oder ohne Hilfe des Glaubens am Wendepunkt seiner Trauer angekommen ist. Niemandem bleibt nach dem Verlust eines wertvollen Menschen erspart, seinen Lebensalltag neu zu gestalten und sich auf die veränderten Umstände einzustellen. Das ist in der Regel keine Frage des Augenblicks, sondern erfordert erneut Zeit und Geduld. Viele Trauernde müssen lernen, gewisse Aufgaben und Funktionen selbst zu übernehmen und nach Jahren des Miteinanders alleine zu leben, und sie müssen oft nach einem neuen Beziehungsumfeld suchen.

In der Emmausgeschichte und dem Bild von Sieger Köder wird aber nicht nur die Perspektive der Trauernden beleuchtet. In der Person Jesu kommt auch der Begleiter in den Blick. Christus gesellt sich zu den Trauernden und begleitet die Jünger bis nach Emmaus. Er nimmt sich Zeit für sie und lässt sich unterwegs von ihnen ausführlich erzählen, was der Grund ihrer Trauer ist. Nachdem ihm die Jünger alles berichtet haben, erläutert er ihnen seinerseits in aller Ruhe und auf vielfältige Weise, worin der Sinn dessen liegt, was sie erlebt haben. Jesus bedrängt die Trauernden mit seinen Ausführungen nicht und erspart ihnen jeden Vorwurf gegen ihre Trauer und ihre Tränen. Er respektiert, dass sie für viele seiner Worte gegenwärtig noch nicht aufnahmefähig sind und sein können. Jesus versteht seine Worte als Angebot. Mit ihnen verankert er eine Hoffnung in den Herzen der Jünger, die zu gegebener Zeit in ihnen lebendig werden kann. Jesus harrt geduldig an der Seite der Trauernden aus, bis sie ihr Ziel erreicht haben und der Augenblick für den Wendepunkt in ihrer Trauer gekommen ist. Dann zieht er sich zurück und überlässt die Jünger ihrer Eigenständigkeit. Auf ihrem Rückweg nach Jerusalem wird den beiden schließlich die Bedeutung der Worte bewusst, die Jesus zu ihnen gesprochen hat, und sie kehren mit einer neuen Lebensperspektive und einer veränderten Lebenseinstellung heim.

Das hier beschriebene Verhalten Jesu scheint vorbildlich für die Begleitung Trauernder zu sein. Trauerbegleitung erfordert die Bereitschaft, sich mit den Hinterbliebenen auf einen Weg einzulassen und diesen konsequent mitzugehen. Auf langen Strecken des Weges, besonders zu Anfang, sind viele eigene Worte überflüssig. Ein Trauerbegleiter sollte vielmehr zunächst geduldig und verständnisvoll zuhören können und den Betroffenen Raum für die Äußerung ihrer Gefühle und Gedanken lassen. In einer späteren Phase des Prozesses, wenn sich die Trauernden ausgesprochen haben und beginnen, nach dem Sinn des Geschehenen zu fragen, ergibt sich für den Begleiter die Gelegenheit, behutsam den Tod zu deuten und Horizonte aufzuweisen. Der Trauerbegleiter muss allerdings damit rechnen, dass viele seiner Worte nicht den gewünschten Erfolg erzielen, und sollte sich davor hüten, deswegen an den Betroffenen Kritik zu üben. Er muss seine Worte und Gedanken wie Saat in die Herzen der Betroffenen legen und ihr Aufgehen dem entsprechenden Zeitpunkt (kairos) überlassen. Wenn ein Begleiter dann im Prozess erkennt, dass der Wendepunkt in der Trauer erreicht ist, sollte er sich behutsam aus der aktiven Begleitung zurückziehen, damit die Trauernden zu einem eigenständigen Leben zurückfinden und nicht in dauerhafte Abhängigkeit geraten.

Was hier exemplarisch für einen einzelnen Begleiter ausgesagt ist, verweist auf zahlreiche Aspekte, die für die Trauerbegleitung von Bedeutung sind, gleich ob sie von den Kirchen, von Bestattungshäusern oder freien Trägern angeboten werden. Eine verantwortliche Begleitung Trauernder muss im Blick haben, wie wichtig eine Kontinuität und ein treues Ausharren an der Seite der Betroffenen sind. Die weitläufige Praxis gerade auch kirchlicher Seelsorge überlässt Trauernde jedoch weitestgehend sich selbst und riskiert damit, dass ein Aufbruch aus der Trauer nur selten mit der Kraft des Glaubens in Verbindung gebracht wird. Viele Hinterbliebene erleben deshalb die Weggefährtenschaft der Kirchen als mangelhaft und sind nicht zu Unrecht nachhaltig von ihr enttäuscht. So sehr von der Überbelastung vieler Seelsorger die Rede ist, so wenig dispensiert dieser

Umstand davon, in den christlichen Gemeinden nach Begleitungskonzepten für Trauernde zu suchen. Es ist möglich und denkbar, Teile dieser Wegbegleitung an dafür eigens geschulte Ehrenamtliche und Laien zu übergeben. Aber auch die Hauptamtlichen in der Seelsorge, und darunter besonders die Pfarrer, sollten ausreichend berücksichtigen, dass eine Trauerpastoral erst mit der Beerdigung beginnt und deshalb eigentlich nicht schon hier enden darf. Wo die Begleitung Trauernder ausbleibt, werden die Betroffenen oft in eine Sinnleere entlassen. Auf diese Weise wird ein Vakuum geschaffen, in das Anderes leicht vordringen kann.

VII.
BILDER DES NEUEN LEBENS

»Friedhof«

Die Suche nach einer Antwort

Der Tod wirft viele Fragen auf. Er lässt die Sterbenden fragen, ob es jenseits des Todes eine Perspektive und eine Hoffnung auf Leben für sie gibt, und drängt die Trauernden danach zu fragen, was mit den Verstorbenen geschehen ist und ob es ein Wiedersehen mit ihnen geben kann. Beinahe jeder, der auf irgendeine Weise mit dem Tod in Berührung kommt – und sei es nur durch den Gang über einen Friedhof vorbei an den Gräbern der Toten –, wird auf die Frage nach dem Sinn des Lebens stoßen und damit zugleich immer auch an seine eigene Vergänglichkeit erinnert werden. *»Was ist mit den Toten?«* – *»Ist ihr Leben vergangen und verwirkt?«* – *»Wenn es ein Leben nach dem Tod gibt, wie sieht dieses Leben aus?«* – *»Wenn Menschen gestorben sind, gehen sie dann wie ein Schatten durch das Dasein?«* – *»Werden sie in dieses Leben zurückkehren oder werden sie irgendwo eine bleibende Heimat finden?«* – *»Geht es ihnen gut?«* All das sind Fragen, die sich im Kontext von Tod und Trauer immer wieder stellen und die so alt sind wie die Menschheit selbst. Sie bewegen jede Generation neu. Auch wenn es oft gelingt, die dunklen Seiten des Lebens kunstvoll zu verdrängen und über lange Zeit den Tod zu ignorieren, so werden die Menschen doch immer wieder von diesen Grundthemen des Lebens eingeholt und mit dem Geheimnis des Todes konfrontiert.

Die Fragen, die die Vergänglichkeit des Lebens und der Tod aufwerfen, sind für viele bedrängend. Das Wissen darum, dass das Leben begrenzt ist und keine sichere Zukunft kennt, macht Angst und lässt die Menschen deshalb nach Antworten suchen. Besonders Betroffene haben eine große Sehnsucht nach Klärung und Gewissheit. Es liegt jedoch in der Natur dieser Sinnfrage, dass auf sie keine eindeutige und beweisbare Antwort gegeben werden kann. Dieser Mangel an herstellbarer Klarheit bietet Raum für eine Unmenge an Spekulationen und Deutungsansätzen. Viele Betroffene fühlen sich durch die Flut von Sinnangeboten und Erklärungsversuchen überfordert und sind ihr hilflos ausgesetzt. Oft wird gerade in solchen Krisensituationen mit großem missionarischem Eifer religiöses und pseudoreligiöses Gedankengut an die Leute gebracht und die Lage der Suchenden schamlos ausgenutzt. Die fehlende Sicherheit und der Verlust an Lebenssinn und innerer Orientierung machen viele Betroffene empfänglich für sektiererische Gruppen, die dem Leben der Trauernden mit straffen Regeln und klaren Vorstellungen Halt und Richtung anbieten.

Manche Hinterbliebene greifen in ihrer Not schnell und dankbar nach diesen vermeintlichen Lebenshilfen und geraten so in folgenschwere Abhängigkeiten. Gerade auch die Vertreter spiritistischer und okkulter Praktiken wittern hier ihre Chance. Ihr Angebot an die Trauernden, mit ihren Verstorbenen in Kontakt zu treten, muss für viele, gerade für die Verzweifelten und Niedergeschlagenen unter ihnen, verlockend und attraktiv erscheinen. Abgesehen davon, dass diese Übungen zweifelhaft und widersinnig sind, bewirken sie vielfach, dass Trauernde in ihrer Trauer verharren und erstarren. Sie erhalten die Illusion aufrecht, dass es ein unmittelbares Leben mit den Verstorbenen geben und man sie nach Belieben in diese Wirklichkeit zurückrufen kann. Eine solche Vorstellung macht ein Loslassen der Toten oft unmöglich und verhindert damit die bewusste Gestaltung eines neuen Lebensabschnitts.

Die Quantität und Intensität, mit der Betroffene die angebliche Möglichkeit einer solchen Kommunikation mit den Verstorbenen nutzen, offenbart nicht nur eine große Sehnsucht nach Klärung, sie zeigt auch ein ungeheures Vakuum in der systematischen Beantwortung dieser grundsätzlichen Lebensfragen. So sehr man noch weitläufig von einem christlichen Abendland spricht und davon ausgeht, dass viele christliche Werte und Auffassungen implizit in der Gesellschaft vorhanden sind, so wenig ist die christliche Antwort auf das Geheimnis des Todes und damit der Glaube an eine Auferstehung präsent und lebendig. Die meisten Christen in Deutschland und – statistischen Erhebungen zufolge – auch die Mehrheit der regelmäßigen Kirchgänger haben Schwierigkeiten, die christliche Deutung des Todes zu verstehen und an sie zu glauben. Das macht auf große Versäumnisse bei der Verkündigung und pastoralen Praxis der christlichen Kirchen aufmerksam. Vielerorts gehen ihre Vertreter immer noch von nicht bestehenden Präpositionen aus, indem sie einen Osterglauben voraussetzen. Damit tragen die christlichen Kirchen Mitverantwortung dafür, dass viele Menschen ohne entsprechende Antworten leben und sich zweifelhaften, anderen religiösen Angeboten zuwenden. Gerade im Zeitalter der Massenkommunikation aber, die jedem, der will, die Deutungen anderer Religionen und Denkrichtungen zugänglich macht, muss das Christentum seine Antworten klar formulieren, von anderen Positionen abgrenzen und wirkungsvoll vermitteln. Nur so kann sichergestellt werden, dass die christliche Botschaft von Tod und Auferstehung im Überangebot der Sinndeutungen nicht untergeht und den Menschen als eine sinnvolle Perspektive angeboten wird.

Die christliche Antwort auf die Frage nach dem Sinn des Todes gründet in der Auferstehung Jesu. Sie prophezeit den Menschen das ewige Leben im Reich Gottes. Dieser Glaubensinhalt steht im Mittelpunkt des christlichen Bekenntnisses, er macht die Botschaft Jesu zur Frohen Botschaft. Es sollte deshalb nachdenklich stimmen, wenn nicht alarmieren, dass viele Christen nicht mehr an die Auferstehung glauben, sondern sich in dieser Frage anderen Antworten zugewandt und angeschlossen haben. Besonders die auch unter Christen wachsende Verbreitung eines Reinkarnationsglaubens macht deutlich, wie sehr die christlichen Bilder vom ewigen Leben in Freiheit und Frieden an Ausstrahlungskraft verloren haben. Die Attraktivität eines unbeschwerten Lebens im Reich Gottes muss vollkommen verblasst sein, wenn selbst diejenigen, die in ihrem Leben eine unendliche Fülle von Leid und Schmerz gesehen oder am eigenen Leib erlebt haben, dieser »himmlischen« Perspektive ein neues irdisches Leben in den alten Grenzen und Sorgen vorziehen. Aus diesem Phänomen ergibt sich jedoch keine grundsätzliche Anfrage an die Sinnhaftigkeit und mögliche Akzeptanz der Botschaft von der Auferstehung – kann es eine hoffnungsvollere Perspektive geben?! -, sondern erneut an die Art und Intensität, mit der diese tröstlich ausgesprochen und verständlich vermittelt wird.

Das Bild »Friedhof« von Sieger Köder führt mit der Darstellung eines Gräberfeldes dem Betrachter den Tod und die Vergänglichkeit des Lebens vor Augen. Damit greift es die Fragen vieler Betroffener auf und fordert eine Standortbestimmung des Einzelnen, auch desjenigen, der nicht selbst und unmittelbar vom Tod betroffen ist: *»Wie beantwortest Du die Frage nach dem Sinn von Leben und Tod?«* Die Kreuze über manchen Gräbern im Bild erscheinen dabei wie Hilfestellungen bei der Suche nach einer Antwort. Den Fragenden weisen sie eine Richtung, die zum Ziel führen kann, und den bereits bekennenden Christen bieten sie die Gelegenheit, sich neu im Glauben an die Auferstehung zu verankern.

Sich mit diesem Bild Sieger Köders und seiner Fragestellung konfrontieren zu lassen und frühzeitig nach seinem eigenen Standort zu suchen, auch ohne dass man vom Tod direkt betroffen ist, bietet die Möglichkeit, sich für den entsprechenden Augenblick zu rüsten und vorzubereiten. Es wird so möglich, im gegebenen Fall dem Tod mit der Antwort eines verinnerlichten Glaubens entgegenzutreten. Das ist vielen Sterbenden und Trauernden erfahrungsgemäß eine große Hilfe. Zudem hat die geistige Auseinandersetzung mit dem Tod meist auch Auswirkungen auf das Leben. Es wird dann in der Regel bewusster wahrgenommen und klüger gelebt. Deshalb heißt es in der Heiligen Schrift, wenn die Unterscheidung zwischen den Klugen und den Törichten vorgenommen wird: »Seid also wachsam. Denn ihr kennt weder den Tag noch die Stunde.« (Mt 25,13) Bekennenden Christen bieten die Beschäftigung mit dieser Frage und die Vertiefung des Osterglaubens die Möglichkeit, ihren Glauben zu beleben, denn wo der christliche Glaube überzeugt im Ostergeheimnis gründet und Menschen von der Erwartung eines ewigen Lebens begeistert sind, entwickelt ihr Glaube – das ist bereits die Erfahrung der Urkirche – eine besondere Dynamik und Ausstrahlungskraft. Die christlichen Kirchen haben also bei der Auseinandersetzung mit der Sinnfrage und der Wiederbelebung des Osterglaubens nichts zu riskieren, sondern nur zu gewinnen. Sie können dadurch eine Belebung des Glaubens und des kirchlichen Lebens erwarten.

Der »Durchbruch« ist geschafft

Bei der Suche nach einem Ziel menschlichen Daseins und einer Antwort auf die Frage nach dem Sinn des Todes vermittelt das Sieger Köder-Bild »Ezechiel« eine ausdrucksstarke und hilfreiche Vorstellung vom Tod und vom ewigen Leben; es ist deshalb vielen Betroffenen eine große Hilfe. Dem Bild liegt ein Erzähldetail aus dem alttestamentlichen Buch Ezechiel zu Grunde. Der Prophet Ezechiel erhält von Gott die Verheißung: »Er wird in der Dunkelheit sein Gepäck auf die Schultern nehmen und hinausgehen. In die Mauer wird man ein Loch brechen, um hindurch gehen zu können.« (Ez 12,12) Dieses visionäre Bild kündigte damals dem in der Gefangenschaft festgesetzten Volk Israel an, dass es der Knechtschaft und der Unfreiheit entkommen würde.

Wenn man diese Vision und das Bild Sieger Köders auf die Frage nach dem Sinn und der Bedeutung des Todes überträgt, dann vermittelt es, dass der Tod im Leben eines Menschen wie ein Durchbruch durch eine Mauer ist. Hat diese Mauer bisher das Leben eingeengt und in mancherlei Hinsicht unfrei gemacht, so gibt das Loch in dieser Mauer den Weg in etwas Neues frei. So wie auf Israel hinter den Toren der babylonischen Gefangenschaft das Leben in Freiheit und Selbstbestimmung gewartet hat, so erwartet den Menschen nach dem Tod ein Leben, das in seinen Dimensionen mit dem Vorherigen unvergleichbar ist.

Diese Metapher kann Sterbenden und Trauernden gleichermaßen Trost und Ermutigung auf ihrem oft leidvollen Weg sein. Schmerzen und Sorgen können erträglicher werden, wenn man ein Ziel und eine Perspektive vor Augen hat und hoffen darf, dass man irgendwann der Gefangenschaft in Krankheit und Leid entkommen wird. Gerade wo man die bedrängenden Seiten des Lebens schmerzlich erleiden muss, weiß man die Perspektive eines leidlosen Lebens zu schätzen. Dieser Ausblick schenkt Trost und motiviert, den eigenen Weg weiterzugehen.

So sehr das Bild damit hoffnungsvoll die Zielperspektive des Lebens vor Augen stellt, so bleibt es dennoch mit dem Blick auf den Weg, der zum Ziel führt, realistisch und lebensnah. Wer eine Mauer durchbrechen will, steht zumeist vor einer schweren und schweißtreibenden Arbeit, besonders dann, wenn die Wand massiv und stabil ist. So findet auch der Mensch nur zum Ziel seines Lebens, wenn er zuvor den vielfach beschwerlichen Weg des Sterbens geht; und es ist oft ein langer Kampf und eine harte Arbeit für die Betroffenen und ihre Begleiter. Das Sterben ermüdet und entkräftet oft genauso wie körperliche Arbeit. Es wird im Ganzen von vielen so erschöpfend und belastend erlebt wie die Zwangsarbeit in einem Steinbruch. Auch das lässt das Bild vom kräftezehrenden Einreißen einer Wand als Vergleich passend erscheinen. Hinzu kommt, dass die zahllosen Fragen und bohrenden Zweifel auf dem Sterbeweg – »*Wohin führt mein Leidensweg?*« – die Sterbenden ähnlich demoralisieren und entmutigen müssen, wie die fehlende Kenntnis vom Sinn und Ziel ihrer Arbeit – »*Wozu dient meine schwere Arbeit eigentlich?*« – den Arbeitern die Motivation rauben kann.

Das Bild »Ezechiel« wäre nur eine geringe Hilfe und Motivation auf dem Weg durch das Leben bis zum Tod, wenn darin nur allgemein und abstrakt angekündigt würde, dass der Tod irgend etwas Neues eröffnet. Die Ankündigung des Neuen lebt von den Konkretionen, die das Bild in seinen Details andeutet. Der Durchbruch gibt aus einem verhältnismäßig dunklen Raum den Blick in die Helligkeit frei. Das Leben nach dem Tod besitzt also eine besondere Qualität und Anziehungskraft, denn das Licht zeugt von einer Wärme und Freude, die dem irdischen Leben so fremd ist. Das Bild macht zudem sichtbar, dass mit dem Tod nicht nur das Schauen von einem Raum zum anderen möglich wird. Der Durchbruch im Bild ist so groß, dass der Mensch ohne wirkliche Mühen durch ihn hindurch treten kann. Das Neue und Helle hinter dem Tod dient also nicht nur der Betrachtung. Es stellt vielmehr die äußeren Bedingungen dar, unter denen ein neues und wirkliches Leben beginnt. So neu und unvergleichbar dieses Leben auch ist, so sehr wird der Mensch mit seinem ganzen Sein in diese neue Daseinsform wechseln. Er tritt mit seinem ganzen Ich in diese jenseitige Existenz. Die Gestalt im Bild hält ihren Stab und ihren Beutel in der Hand und nimmt beides mit ins neue Leben. Stab und Beutel können als Zeichen für das verstanden werden, was den Menschen in seinem Leben führt und ausmacht. Entgegen jeder anderen Vermutung und Spekulation wird der Mensch also mit dem Tod kein anderer, sondern bleibt unverwechselbar er selbst, obschon er von allem befreit wird, was sein Leben und Wesen unfrei und beengt sein lässt.

Das Bild »Ezechiel« lässt offen, worauf sich der Blick des Menschen richten und was er sehen wird, sobald er den Tod überwunden hat und in das neue Leben blickt. Es lässt jedoch vermuten, dass es eine Art Lichtquelle ist, die dem jenseitigen Leben Gestalt gibt. Diese Interpretationsoffenheit bietet Gelegenheit, das Bild durch Gedanken und Phantasien zu ergänzen, und ermöglicht, die christliche Vorstellung vom ewigen Leben

»Ezechiel«

noch weiter zu verlebendigen und zu konkretisieren. Die Frage, was wir Menschen sehen und erleben werden, wenn wir wie im Bild in das neue Leben hineinblicken, wird man vermutlich in der Konkretion ganz unterschiedlich beantworten wollen. Die entsprechenden Assoziationen werden stark vom Blickwinkel und den Erfahrungen des einzelnen Betrachters bestimmt sein. Die meisten Antworten aber wird verbinden, dass man im Licht einen Hinweis auf Gott sieht, der dieses neue Leben mit seiner Liebe gestaltet und durchdringt, und diese Vorstellung wird für die detaillierten Erwartungen grundlegend sein.

Wenn man nun an diese Betrachtungen die Frage anschließt, was man in der dargestellten Situation tun würde, sobald man sich vom Durchtreten der Mauer wieder aufgerichtet hat, dann scheint die Antwort einer Trauernden auf diese Frage richtungsweisend:

»*Der Mann im Bild hält noch seinen Stab und seinen Rucksack fest in seinen Händen. Aber ich denke, er wird in diesem hellen und lichtdurchfluteten Leben keinen Stab mehr brauchen, der seinem Schritt Sicherheit und Richtung gibt. Er wird auch die Gewichte und den Proviant zurücklassen können, die in dem Beutel zusammengeschnürt sind. Sie würden ihn nur dabei hindern, dem Licht entgegenzulaufen. Und das ist das, was ich an seiner Stelle täte: dem Licht entgegenlaufen.*«

Eine andere, tiefsinnige Interpretation des Bildes »Ezechiel« ist aus dem Gespräch mit einem Sterbenden hervorgegangen. Ohne das Bild von Sieger Köder zu kennen, antwortete er auf die Frage, warum er an die Auferstehung glaubt:

»*Sie fragen mich, warum ich an die Auferstehung glaube? Lassen Sie mich das so erklären: Ich bin in meinem Leben unzählige Male gescheitert und hingefallen. Ich kann eigentlich nicht zählen, wie oft ich am Boden gelegen habe. Immer war es mir dabei, als ginge es nicht weiter. Wie oft haben sich die Probleme vor mir wie eine Mauer aufgetürmt. Doch irgendwie war es mir in diesen Augenblicken immer wieder so, als zöge mich etwas wie an einem Stock hoch und gäbe mir die Kraft, wieder aufzustehen und weiterzugehen. Es gab immer wieder einen neuen Durchbruch durch eine scheinbar unüberwindbare Front von Schwierigkeiten. Ich bin mir sicher, dass das kein Zufall war! Ich bin nicht aus eigenen Kräften dazu in der Lage gewesen. Gott muss es gewesen sein, der mir jedesmal auf die Beine geholfen hat. Sehen Sie, wenn dem so war, dann frage ich Sie: Warum sollte ich dann nicht auch jetzt darauf vertrauen, dass Ähnliches wieder geschieht. Wenn ich bald das letzte Mal am Boden liege und der Tod sich mir wie eine Mauer in den Weg stellt, warum sollte mich Gott ausgerechnet dann im Stich lassen. Ich bin davon überzeugt: Er wird mich auch nach dem Tod wieder aufstehen lassen und einen neuen Durchbruch möglich machen.*«

Es ist trostreich und schenkt dem Leben und dem Sterben eine wirkliche Perspektive, wenn man den Tod, auf den alle Menschen zugehen, als einen Durchbruch zu einem neuen Leben verstehen kann, das in seinen Dimensionen die menschliche Vorstellungskraft übersteigt. Wer dies als Ziel vor Augen hat: ein Leben in Freiheit und liebender Gemeinschaft und ein Dasein in der sorgenden und wohltuenden Nähe Gottes, dem werden deshalb weder Dunkelheit noch Tod erspart bleiben, aber der wird mit einer anderen Kraft und inneren Haltung sein Leben bewältigen und am Durchbruch zum neuen Leben arbeiten können. Wer mit dieser Hoffnung auf den Tod blickt, wird erkennen, dass mit dem Ende des Lebens für jeden der Durchbruch geschafft sein wird.

»Labyrinth und Rose«

Das Leben in Fülle

Es hat in der Literatur und in der Kunst unzählige Versuche gegeben, das nicht Fassbare und Unvorstellbare eines ewigen Lebens in Form und Farbe auszudrücken. Man entsprach damit der menschlichen Sehnsucht, die nach konkreten Vorstellungen und Visionen vom Himmelreich suchte, um wirklich glauben und hoffen zu können. Je lebendiger und realer man die himmlische Wirklichkeit darstellte, um so mehr Anziehungskraft und Faszination konnte sie auslösen, und um so mehr Trost vermochte sie den Menschen zu spenden.

Es ist eine häufige Erfahrung, dass gerade dort, wo Menschen von Leid und Not bedrängt werden, vielfach nüchterne Worte über das zukünftige Leben nicht ausreichen, um Hoffnung zu vermitteln. Hier bedarf es viel lebendigerer Beschreibungen, die die menschliche Vorstellungskraft entlasten und der als schmerzlich und real empfundenen irdischen Wirklichkeit ein hoffnungsvolles und konkretes Kontrastbild entgegensetzen. Sieger Köder bietet mit seinem Bild »Labyrinth und Rose« dabei eine wertvolle Unterstützung. Es ist ein Osterbild von besonderer Art und lebendiger Ausdruckskraft. »Labyrinth und Rose« entwirft eine wohltuende Vorstellung vom ewigen Leben, ohne dabei die Wirklichkeit der irdischen Existenz zu verdrängen. Es bringt irdische und himmlische Wirklichkeit in Verbindung zueinander und erzeugt auf diese Weise eine faszinierende und das Bild bestimmende Spannung, die es gerade Sterbenden und Trauernden wertvoll macht. Das Bild holt den Betrachter in seiner oft als bedrängend empfundenen Realität ab und entführt ihn einen Augenblick lang in die Fülle des Jenseits.

Das irdische Leben wird im Bild durch das Labyrinth symbolisiert. Ähnlich wie das Gehen durch ein solches Labyrinth gestaltet sich vielfach das menschliche Leben. Über weite Etappen wird es als eine Herausforderung und eine spannende Aufgabe angesehen. Doch die zunehmende Lebenserfahrung lehrt auch, dass das Leben zahllose Irrwege und Umwege, Enttäuschungen und Verwundungen kennt. Nicht selten sind die Alternativen und Weggabelungen, die das Leben bietet, so vielzählig, dass man die Orientierung und die Ausdauer verliert. Der Mensch weiß, dass bestimmte Pfade nicht zum erwünschten Ziel führen, deshalb beschleichen ihn bei der Suche nach dem richtigen Weg oft Angst und Unsicherheit. Nicht wenigen geht deshalb die Leichtfüßigkeit, mit der sie ihren Lebensweg einmal begonnen und beschritten haben, unterwegs verloren. Gerade Leid- und Notgeprüfte haben häufig die Sorge, den Überblick und ihr Ziel aus dem Auge zu verlieren. Sie fragen sich zunehmend, ob sich ihr Weg noch lohnt, ob sie noch aus der Sackgasse herausfinden und ein erstrebenswertes Ziel erreichen werden. Besonders Sterbende und Schwerstkranke finden sich im Bild des Labyrinths leicht wieder. Sie erleben ihr Leid, ihre Krankheit und die Bedrohung durch den Tod ähnlich ausweglos wie das Festsitzen in einem Labyrinth. Sie sind verzweifelt und möchten aufgeben. Ihr Leben scheint sinnentleert und zukunftslos.

Das Bild Sieger Köders setzt dieser nachvollziehbaren menschlichen Stimmung mit dem Symbol der Rose eine eindeutige und hoffnungsvolle Antwort entgegen. Es ist die Antwort des Glaubens. Mit dem Tod wird die mühselige Suche des Menschen – gleich wo er in diesem Augenblick steht – zum Ziel und zu einem guten Ende geführt, weil der Tod selbst der Endpunkt des Labyrinths ist. Doch mit dem Erreichen dieses Endpunkts ist der Sinn des menschlichen Lebens nicht erschöpft, vielmehr beginnt er sich dann erst wirklich zu entfalten. Das menschliche Dasein findet jetzt zu seiner eigentlichen Fülle und Bestimmung. So wie der Rosenstock unter dem leuchtenden Licht der Fensterrosette nicht nur eine einzelne Rose, sondern eine Fülle von Blüten hervorbringt, so wird der Mensch erst im neuen Leben unter dem strahlenden Antlitz Gottes und im Licht seiner Liebe sein Wesen zur vollen Entfaltung bringen können. Er wird in einer Weise das Abbild Gottes werden, wie es im diesseitigen Leben deshalb nicht möglich war, weil dieser Entfaltung durch die Rahmenbedingungen irdischer Existenz Grenzen und Hindernisse gesetzt waren. Alles, was das irdische Leben schwer gemacht hat, wird dort vergessen sein, und es wird keine Irrwege und Umwege, keine Schmerzen und kein Leid mehr geben. Jenseits des Todes wird die Liebe keine Grenzen mehr kennen. Der Mensch tritt mit dem Tod an die Seite Gottes. Es wird damit vollendet, was in jedem Menschen von Geburt an grundgelegt ist. So heißt es auf einem Grabstein in Corvey: »Wir werden geboren, um zu leben. Wir leben, um zu sterben, und wir sterben, um aufzuerstehen.«

Sieger Köder leugnet in seinem Bild nicht, dass die gläubige Erwartung eines Lebens in Fülle – für sie steht der prächtige Rosenstrauch – den Menschen nicht an Leid und Tod vorbeiführt. Was das Labyrinth und das Kreuz gleichermaßen symbolisieren, ist und bleibt ein wesentlicher und bestimmender Bestandteil des Lebens. Dennoch ist die Existenz von Leid und Tod kein Beweis dafür, dass das Heil und ein Leben in Fülle nicht möglich sind. Vielmehr formen die schmerzlichen Erfahrungen des Lebens im Menschen die Sehnsucht nach Vollendung und das Verlangen nach Heil. Mit dem Blick über die Schwelle des Todes, den das Bild »Labyrinth und Rose« gestattet, erfährt diese menschliche Sehnsucht eine Bestätigung und kann so zur Kraftquelle werden. Wenn der Mensch wahrnimmt, dass er von Anfang an zur Fülle berufen ist, und er die unzähligen Vorboten der Größe und Herrlichkeit Gottes in der Schöpfung und in seinem persönlichen Leben nicht übersieht, dann kann er seinen Weg durch das Labyrinth gefasster gehen und dem Tod mit Spannung entgegensehen, weil er in die Begegnung mit Gott und deshalb in das neue Leben führen wird. So lässt sich aus einer Zukunftsvision die Kraft für die Gegenwart gewinnen.

Eine Sterbende hat diesen Gedankengang kurz vor ihrem Tod auf ihre Weise ausgedrückt. Sie hielt eine Rose in ihrer Hand und sagte:

»Ich habe keine Angst vor dem Tod. Als Architektin habe ich gelernt, alles, was ich sehe, genau zu beobachten. Es war meine berufliche Aufgabe, Bauwerke zu begutachten. Es lässt sich leicht von einem Bauwerk auf die Qualifikation seines Baumeisters schließen. Wenn ich nun diese Rose zu begutachten hätte, dann müsste ich sagen, dass allein ein einzelnes Blatt dieser Blume so kunstvoll gefertigt ist, dass es einen Architekten verrät, dessen Liebe und Phantasie nicht zu übertreffen sind. Kein Mensch könnte so etwas fertig bringen. Allein diese Rose drängt mich zu der Annahme, dass es einen Gott geben muss, der voller Liebe ist. Wie jeder Architekt wird auch er versuchen, seinen besonders gelungenen Werken ewigen Bestand zu verleihen. Nur im Unterschied zur Begrenztheit unserer menschlichen Fähigkeiten hat er auch die Möglichkeit dazu. Deshalb bin ich mir sicher, er wird das größte und geliebteste Werk seiner Schöpfung, den Menschen, den er sogar nach seinem Abbild geschaffen hat, für die Ewigkeit bestimmt haben. Die Krönung seines Schöpfungswerkes opfert man nicht der Zufälligkeit eines letzten Atemzuges. Deshalb habe ich keine Angst vor dem Tod. Im Gegenteil: Ich bin gespannt auf diesen Architekten des Lebens. Welche Fülle wird mich erwarten, wenn ich ihm begegne.«

Der Glaube an die Fülle des zukünftigen Lebens wird – gleich wo er lebendig ist – nicht unangefochten bleiben, und er tröstet nicht zu jeder Zeit gleich intensiv. Aber er kann dem Menschen, besonders dem Leidenden, dem Sterbenden und dem Trauernden, der nach einer Perspektive sucht, wirklichen Trost und motivierende Hoffnung vermitteln. Der Osterglaube führt nicht an Leid und Tod vorbei, aber er kann durch sie hindurchführen und all dem ein Ziel und eine Richtung geben.

Das Zielbild des menschlichen Lebens zu entwerfen und in die Herzen der Menschen als Kraftquelle und Perspektive zu verankern, bedarf einer phantasievollen Verkündigung und einer glaubhaften Ausstrahlung, wie sie im Sieger Köder-Bild »Labyrinth und Rose« zum Ausdruck kommt. Wo das gelingt, erwächst daraus eine Lebenshilfe, die in den Augenblicken von Leid, Tod und Trauer besonders wirksam ist.

Wenn Gott uns heimführt aus den Tagen der Wanderschaft,
uns heimbringt aus der Dämmerung
in Sein beglückendes Licht, das wird ein Fest sein!
Da wird unser Staunen von Neuem beginnen.
Wir werden Lieder singen,
Lieder, die Welt und Geschichte umfassen.
Wir werden singen, tanzen und fröhlich sein:
denn ER führt uns heim:
aus dem Hasten in den Frieden, aus der Armut in die Fülle.

Wenn Gott uns heimbringt aus den engen Räumen,
das wird ein Fest sein!
ER macht die Nacht zum hellen Tag;
ER lässt die Wüste blühen!
Wenn Gott uns heimbringt aus den schlaflosen Nächten,
aus dem fruchtlosen Reden, aus den verlorenen Stunden,
aus der Jagd nach dem Geld, aus der Angst vor dem Tod,
wenn Gott uns heimbringt, das wird ein Fest sein!
Den Raum unseres Lebens wird ER weiten in alle Höhen und Tiefen,
in alle Längen und Breiten Seines unermeßlichen Hauses.
Keine Grenze zieht ER uns mehr.
Wer liebt, wird ewig lieben!
Wenn Gott uns heimbringt, das wird ein Fest sein!
Wir werden einander umarmen und zärtlich sein.
Die Suchenden finden endlich ihr DU.
Niemand quält sich mehr mit der Frage »Warum?«.
Es werden verstummen, die Gott Vorwürfe machten.
Wir werden schauen, ohne je an ein Ende zu kommen.
Wenn Gott uns heimführt, das wird ein Fest sein!

Ein Fest ohne Ende!

Martin Gutl, »Der tanzende Hiob«

VIII.
NACHWORT

Ermutigung den Begleitern und Dank den Begleiteten

Betrachtet man mit Ernst, auf welche Weise viele Menschen das Sterben, den Tod und die Trauer erleben und erleiden müssen, dann wird leicht verständlich, weshalb man diesen Seiten des Lebens gern aus dem Weg geht und sich möglichst diesen Themen verschließt. Man fühlt sich dem Dunkel und dem Schmerz, den der Tod verbreitet, wehrlos ausgesetzt. Gegen ihn ist kein Kraut gewachsen, und keine menschliche Weisheit kann etwas am Gesetz der Vergänglichkeit menschlichen Lebens verändern. Immer wieder, wenn sich der Tod ankündigt und Wirklichkeit wird, zwingt er die Betroffenen, die Begrenztheit ihrer Lebensdauer anzuerkennen und sich ihr zu stellen. Nirgendwo spüren Menschen mehr die Grenzen ihrer Möglichkeiten.

Viele versuchen – vermutlich gerade deshalb -, den Tod vollkommen zu ignorieren und ohne ihn zu leben. Doch wenn die Angst vor dem Tod die Menschen so weit bringt, dass sie Teile ihrer eigenen Wirklichkeit ausblenden, dann hat er eindeutig mehr Macht gewonnen, als man ihm zubilligen darf. Wo der Tod diesen Einfluss besitzt, wirkt sich das eklatant auf das alltägliche Leben aus. Geht der Mensch von unrealistischen Voraussetzungen aus und lebt so, als gäbe es kein Ende, dann verliert das Leben schnell jeden Maßstab und jede Relation. Das lässt die Realität unwirklicher und den zwischenmenschlichen Umgang härter werden. Um sich die unangenehme Konfrontation und in Folge die Infragestellung der eigenen Lebenseinstellung ersparen zu können, stellt man die Menschen, die unmittelbar vom Tod betroffen sind, ins Abseits – wie man es gegenwärtig erschreckend häufig erleben kann. Man entsagt denen die mitmenschliche Unterstützung und Solidarität, die sie dringend benötigen. Das würde man wohl kaum tun, wäre sich jeder ausreichend darüber im Klaren, dass er selbst sterben muss und dann auf die Zuverlässigkeit seiner Mitmenschen und der Gesellschaft angewiesen ist.

Die Leugnung der Sterblichkeit hat aber auch zur Folge, dass die Menschen unvorbereitet und innerlich haltlos ihrem eigenen Sterben entgegengehen und deshalb vielfach völlig in sich zusammenbrechen, wenn sich bei ihnen der Tod ankündigt. Für sie bricht eine Welt zusammen, weil sich plötzlich das realisiert, was eigentlich nur natürlich ist und zu erwarten war, nämlich dass auch sie nur sterbliche Lebewesen sind.

Die Auseinandersetzung mit dem Tod ist deshalb in unserer Gesellschaft besonders wichtig und in jeder Hinsicht konstruktiv. Anders, als manche annehmen, führt die Beschäftigung mit ihm nicht zwangsläufig zur Depression, sondern viel mehr zu einem angemesseneren Umgang mit der eigenen Lebenszeit und einer größeren Solidarität mit den Mitmenschen. Den Tod als Realität anzunehmen und mit ihm zu leben, heißt anders zu leben und seinem Leben andere Prioritäten zu geben!

Ein sterbender 27jähriger Mann hat mir in einem Gespräch kurz vor seinem Tod – nach vielen Therapieversuchen gegen seine Tumorerkrankung und mehreren Amputationen – gesagt: »Hätte ich das gewusst…!« Dabei schaute er in meine Augen und schien dort zu lesen, wie ich seinen Satz zu Ende gedacht hatte. Er fuhr deshalb fort: »Sie denken jetzt, dann hätte ich nicht leben wollen?! Nein, das wollte ich nicht sagen! Hätte ich das gewusst, dass mich der Tod so bald einholt, dann hätte ich mit Sicherheit anders gelebt. Schade nur, dass ich dazu jetzt keine Gelegenheit mehr habe. Ich wünschte, die vielen Menschen draußen wüssten, dass der Tod zum Leben gehört und dass er zu jeder Zeit kommen kann. Sie würden sicher anders leben, und die Welt sähe sehr bald anders aus.«

Erst wenn die Menschen den Mut haben, dem Tod ins Gesicht zu schauen, werden sie die Fähigkeit besitzen und die Bereitschaft entwickeln, die Nähe zu denen zu suchen, die unmittelbar von ihm betroffen sind. Dann erst lässt sich das Ziel realisieren, dass kein Mensch allein sterben und trauern muss. Erst wenn man einen eigenen Standpunkt zum Leben und zum Tod gefunden hat, macht es Sinn, an die Begleitung von Menschen zu denken, die mit dem Tod konfrontiert werden. Erst dann hat man das notwendige eigene Stehvermögen und kann Betroffenen eine Hilfe sein.

Die Begleitung Sterbender und Trauernder – gleich von welchem Standpunkt aus – stellt viele Anforderungen und trifft bei den meisten auf Unsicherheiten und einen Mangel an Erfahrung. Das hält viele davon zurück, sich als Weggefährte anzubieten. Doch niemand wird eine solche Aufgabe vollkommen erfüllen können, selbst der geübteste Begleiter macht Fehler. Mit dem Drang zur Perfektion schadet man nicht nur sich selbst, sondern am Ende auch den Betroffenen. Sie bleiben so in jedem Fall allein, entweder weil sich der Begleiter nur um sich selbst dreht und zum Opfer seiner überhöhten Ansprüche wird, oder weil er sich wegen der Angst vor Fehlern die Begleitung nicht zutraut. Zweifelsohne ist es wichtig, seine Grenzen zu kennen und seine Fähigkeiten richtig einzuschätzen, aber jeder, der vor der Frage steht, ob er einen Menschen auf seinem Weg in den Tod oder durch die Trauer begleiten soll, muss zwei Dinge besonders berücksichtigen: Zum einen dass sich jeder Mensch entwickeln und mit seiner Aufgaben wachsen kann, und zum anderen, dass es viele unterschiedliche Formen und Intensitäten von Begleitung gibt. Man darf nicht vergessen, dass man auch mit regelmäßigen Gebeten oder mit praktischen Lebenshilfen bei der Organisation des Alltags einen anderen Menschen begleiten kann. Die Verengung von Begleitung auf das Führen von Gesprächen oder auf das Sich-Aufhalten in der unmittelbaren Nähe der Betroffenen ist äußerst problematisch.

Wer sich auf den Weg der Begleitung begibt oder sich bereits auf ihm befindet, mag durch dieses Buch auf manche Phänomene und Grundfragen aufmerksam gemacht sein oder sie bestätigt finden. Doch vieles in den Ausführungen bleibt bruchstückhaft und muss sich mit Andeutungen begnügen. Deshalb sollte sich jeder bei der Wegbegleitung auf seine Intuition verlassen und sich darum bemühen, mit Herz und Verstand zu sehen und zu hören – so wie es die Bilder Sieger Köders tun. Das ist das wichtigste Kriterium dafür, das Entscheidende wahrzunehmen und angemessen zu reagieren. Zudem ersetzt das Lesen eines Buches nicht das dringend notwendige Gespräch über die eigenen Erfahrungen. Jeder, der andere begleitet, sollte sich selbst begleiten lassen, gerade wenn es um so existentielle Erfahrungen geht. So kann man garantieren, dass man im nötigen Maße über sich selbst kritisch reflektiert und eigenen Ballast abwerfen kann.

So sehr es viele Übereinstimmungen von Erfahrungen gibt, so sehr sollte man immer im Blick behalten, dass jede Situation und jeder Mensch anders ist. Es kann deshalb nur begrenzt feste Regeln für eine Begleitung geben. Die zwei wichtigsten Kriterien scheinen der Respekt vor dem freien Willen und der Würde der Betroffenen und die realistische Einschätzung der eigenen Möglichkeiten zu sein. Das betrifft *alle*, die mit Sterbenden, Angehörigen und Trauenden zu tun haben, gerade auch die Haupt- und Nebenamtlichen unter den Pflegekräften, Ärzten und Hospizhelfern, die schnell der Routine erliegen können. Wo diese Bedingungen nicht erfüllt werden, besteht die Gefahr, dass eine Begleitung unmenschlich wird und man den Betroffenen ihren Weg nur zusätzlich erschwert. Es liegt in der Verantwortung eines jeden – auch eines scheinbar Unbeteiligten -, mit darauf zu achten, dass gerade das nicht geschieht und Menschen nicht zu Objekten einer respektlosen Behandlung oder der menschlichen Selbstüberschätzung werden.

Die Begleitung zum Tod und während der Trauer ist stets ein Prozess, der seine Zeit braucht. Man sollte dabei besonders beachten, dass Sterbe- und Trauerbegleitung eng miteinander verbunden sind und eigentlich zusammengehören. Für die Sterbenden ist es häufig von großer Bedeutung, dass ihre Begleiter sich auch nach ihrem Tod um ihre Angehörigen und umeinander bemühen, damit niemand mit der Trauer und der neuen Lebenssituation alleine steht. Eine in Aussicht gestellte Trauerbegleitung der Angehörigen ist deshalb oft ein wichtiger Bestandteil einer Sterbebegleitung. Für die Angehörigen und Begleiter beginnt ihr Trauerprozess bereits mit der Sterbebegleitung. Sie nehmen schon während dieser Zeit Abschied und leisten damit eine wichtige Trauerarbeit, die ihnen später zugute kommen kann. Deshalb ist es besonders sinnvoll, wenn sich Sterbebegleiter den Angehörigen gegenüber immer schon auch als Trauerbegleiter verstehen und günstigenfalls auch über den Tod hinaus den Weg der Angehörigen weiter begleiten. So lässt sich der Prozess der Trauer und des Abschieds mit Kontinuität fortsetzen, und es lässt sich dabei auf gemeinsame Erfahrungen zurückgreifen.

Die Konfrontation mit dem Tod lässt die Frage nach dem Sinn und dem Ziel des menschlichen Lebens lebendig werden. Es fällt schwer, das Leben aus den Händen zu geben, ohne etwas anderes dafür zu erhalten. Deshalb suchen viele Betroffene nach einem Trost und nach einer Glaubensantwort, die ihnen eine Perspektive schenkt. Hier zeigt sich oft, dass viele Menschen leichter sterben, wenn sie in einem Glauben verwurzelt und beheimatet sind. Häufig wünschte man sich deshalb, mehr Menschen seien entsprechend gerüstet und auf den Tod vorbereitet. Wüssten doch manche, wie sehr sich gerade hier die zeitige und stetige Investition in einen Glauben auszahlt!

Mit Blick auf viele Erfahrungen scheint der christliche Glaube an die Auferstehung den Sehnsüchten der meisten Menschen, zumal der Sterbenden, sehr nahe zu kommen. Gerade diejenigen, die das Leben und Sterben oft bedrängend erlebt und unter den Grenzen irdischer Existenz gelitten haben, erhoffen sich zutiefst ein Leben, dass keine Not und keine Beschränkungen mehr kennt. Dass der Auferstehungsglaube darauf so adäquat antwortet, könnte man als einen Hinweis auf seine Authentizität verstehen. Auch die unglaubliche Nähe, die Jesus von Nazaret zu der Not der Leidenden und Sterbenden aufbringt und die Sieger Köder so existentiell und transparent herausarbeitet, schenkt seiner Person und seiner Botschaft bei vielen eine hohe Glaubwürdigkeit. Sie macht ihn zu einem Vertrauten und Freund, dessen Worten man gerne Glauben schenken möchte: »Ich bin die Auferstehung und das Leben; wer an mich glaubt, wird leben, auch wenn er stirbt« (Joh 11,24). Der Blick auf den leidenden, sterbenden und auferstehenden Christus lässt Gott in der Not nahe sein und schenkt vielen eine große Kraft und eine Zuversicht, die über den Tod hinausweist.

Ein junger Familienvater, der unter zahllosen und zum Teil unbeschreiblichen Symptomen einer Krebserkrankung zu leiden hatte, stand nur noch wenige Stunden vor seinem Tod. Er war ein äußerst religiöser Mensch. Seine Verfassung war erbärmlich, und als Weggefährte hatte man den Eindruck, dass er in dieser Lage das Gefühl äußerster Gottverlassenheit erleben müsste. Als ich näher an sein Bett trat, sagte er mit leisem und kraftlosem Ton in seiner Muttersprache zu mir: »Bog jest z nami!«, das heißt übersetzt: »Gott ist mit uns!« Sein Gesichtsaudruck verriet dabei, dass dies nicht nur Worte der Hoffnung oder des Zuspruchs waren, er sagte das aus innerster Überzeugung und offenkundig aus der Erfahrung dieses Augenblicks. Obwohl ich sonst kein Wort Polnisch spreche, diese Worte und diesen Augenblick werde ich niemals vergessen. Selten war ich so von der Nähe Gottes und von der Wahrheit des Glaubens überzeugt wie an diesem Abend.

Damit wird abschließend noch einmal etwas deutlich, was man immer wieder in der Begleitung gerade von Sterbenden und Trauernden erleben darf, nämlich dass man selbst durch die Betroffenen begleitet wird und sie einem auf dem Weg vieles schenken und einen um vieles bereichern. Durch sie findet man ein neues Verhältnis zum eigenen Leben und erfährt nicht selten mehr als einen Hinweis darauf, dass es einen Gott geben muss, der den Menschen stets neu aufstehen hilft, und dass eine jenseitige und himmlische Wirklichkeit existiert. Als Begleiter hat man ihnen, den Betroffenen, vieles zu verdanken – und so ist das vorliegende Buch zu allererst ein »Dankeschön« an sie.

IX.
ANHANG

LITERATUR

1. Begleitung in Leid und Tod

Leid und Tod – Teile des Leben – Gegenstände des Glaubens

BRAUN, H.-J., Die Vorstellung der Menschheit über das Leben nach dem Tod (Frankfurt 1996).

DIRSCHAUER, K., Der totgeschwiegene Tod (Bremen 1973).

EICHER, P. »Ich sitze an meinen Quellen und lausche«. Vom menschlichen Sterben, in: Diakonia 6 (1994) 377-386.

GRESHAKE, G., Der Preis der Liebe. Besinnung über das Leid (Freiburg⁷1988).

GRESHAKE, G., Tod und Auferstehung: Christlicher Glaube in moderner Gesellschaft 5 (Freiburg 1980) 64-123.

GRESHAKE, G./ LOHFINK, G., Naherwartung-Auferstehung-Unsterblichkeit (Freiburg⁴1982).

GRÜN, A., Leben aus dem Tod = Münsterschwarzacher Kleinschriften 92 (Münsterschwarzach 1995).

GRÜN, A., ROBBEN, M.M., Wenn ich sterbe, falle ich tief in deine Liebe hinein (Münsterschwarzach 1998).

HARK, H., Den Tod annehmen. Unser Umgang mit dem Sterben als Chance der Reifung (München 1995).

HÜNERMANN, P. (Hrsg.), Sterben, Tod und Auferstehung. Ein interdisziplinäres Gespräch (Düsseldorf 1984).

JANSEN, H.H., Der Tod in Dichtung, Philosophie und Kunst (Darmstadt²1989) 487-502.

KEHL, M., Eschatologie (Würzburg²1988).

MANSER, J., Wer mich zum Freund hat, dem kann nichts fehlen. Versuch einer spirituellen Theologie zur Ars moriendi heute, in: WAGNER, H. (Hrsg.), Ars moriendi. Erwägungen zur Kunst des Sterbens = FRIES, H., SCHNACKENBURG R. (Hrsg.), Quaestiones disputatae 118 (Freiburg, Basel, Wien 1989) 67-98.

NOUWEN, H.J.M., Der Spiegel des Jenseits. Gedanken um Tod und Leben (Freiburg, Basel, Wien 1990).

PIEPER, J., Tod und Unsterblichkeit (München 1979).

RAHNER, K., (u.a. Hrsg.), Theologie des Todes (Freiburg⁵1958).

RATZINGER, J., Eschatologie – Tod und ewiges Leben (Regensburg 1977).

ROLFES, H., Ars moriendi – Eine Sterbekunst aus der Sorge um das ewige Heil, in: WAGNER, H. (Hrsg.), Ars moriendi. Erwägungen zur Kunst des Sterbens = FRIES, H./SCHNACKENBURG, R. (Hrsg.), Quaestiones disputatae 118 (Freiburg, Basel, Wien 1989) 15-66.

SCHOCKENHOFF, E., Sterbehilfe und Menschenwürde. Begleitung zu einem »eigenen Tod« (Regensburg 1991).

SCHREIBER, H., Das gute Ende. Wider die Abschaffung des Todes (Reinbek 1996).

SPAEMANN, H., Stärker als Not, Krankheit und Tod. Besinnung und Zuspruch (Freiburg, Basel, Wien 1991).
THALER, A., Gott leidet mit. Gott und das Leid = Fuldaer Hochschulschriften 22 (Frankfurt 1994).
VORGRIMLER, H., Der Tod im Denken und Leben des Christen (Düsseldorf 1978).
WAGNER, H. (Hrsg.), Ars moriendi. Erwägungen zur Kunst des Sterbens = FRIES, H./SCHNACKENBURG, R. (Hrsg.), Quaestiones disputatae 118 (Freiburg, Basel, Wien 1989).
WAGNER, H. (Hrsg.), Mit Gott streiten. Neue Zugänge zum Theodizee-Problem = HÜNERMANN, P./SÖDING, T. (Hrsg.), Quaestiones disputatae 169 (Freiburg, Basel, Wien ²1998)

Begleitung Sterbender und Angehöriger

CANACAKIS, J./SCHNEIDER, K., Krebs – Die Angst hat nicht das letzte Wort (Zürich 1986).
CASSIDY, S., Die Dunkelheit teilen. Spiritualität und Praxis der Sterbebegleitung (Freiburg, Basel, Wien 1995).
FÄSSLER-WEIBEL, P., Nahesein in schwerer Zeit. Zur Begleitung der Angehörigen von Sterbenden (Freiburg 1990).
FÄSSLER-WEIBEL, P. (Hrsg.), Sterbende verstehen lernen (Freiburg 1997).
HENNEZEL DE, M., LELOUP, J.-Y., Die Kunst des Sterbens. Der Tod und wie wir mit ihm umgehen können (Frankfurt 2000).
KÜBLER-ROSS, E., Erfülltes Leben, würdiges Sterben (Gütersloh 1998).
KÜBLER-ROSS, E., Interview mit Sterbenden (Stuttgart ²²1999).
KÜBLER-ROSS, E., Verstehen, was Sterbende sagen wollen (Stuttgart 1982).
PERA, H., Sterbende verstehen. Ein praktischer Leitfaden zur Sterbebegleitung (Freiburg, Basel, Wien 1995).
LÜCKEL, K., Begegnung mit Sterbenden (Gütersloh ⁴1994).
POMPEY, H., Sterbende nicht allein lassen. Erfahrungen christlicher Sterbebegleitung (Mainz 1996).
SCHMID, P.F., Ars moriendi. Sterben – ein Teil des Lebens – und seine Begleitung, in: Diakonia 6 (1994) 363-367.
SPÖLGEN, J., EICHINGER, B., Wenn Kinder dem Tod begegnen (München 1996).
SPOERRI, T., Geschichten vom Übergang. Erfahrungen bei der Begleitung sterbender Menschen (Basel, Berlin 1994).
TAUSCH-FLAMMER, D., Sterbenden nahe sein. Was können wir noch tun? (Freiburg, Basel Wien 1989).
TAUSCH-FLAMMER, D., BICKEL, L., Spiritualität der Sterbebegleitung (Freiburg, Basel, Wien 1996).
ZULEHNER, P.M., Heirat – Geburt – Tod. Eine Pastoral zu den Lebenswenden (Wien 1976).

Hospiz

BENTEL, H., TAUSCH, D. (Hrsg.), Sterben – eine Zeit des Lebens. Ein Handbuch der Hospizbewegung (Stuttgart ⁴1996).

BUCKINGHAM, R.W., Hospiz. Sterbende menschlich begleiten (Freiburg, Basel, Wien 1993).

EVERDING, G., NESTRICH, A., Würdig leben bis zum letzten Augenblick. Idee und Praxis der Hospizbewegung (München 2000).

SAUNDERS, C., Hospiz und Begleitung im Schmerz (Freiburg, Basel, Wien 1996).

STUDENT, J.-Ch., Das Hospiz-Buch (Freiburg, Basel, Wien 1989).

TEUSCHL, H., Hospiz – ein Ort der Begegnung – ein Weg – eine Bewegung – eine ethische Grundhaltung, in: Diakonia 6 (1994) 411-414.

Sterben und Medizin

FASSELT, G., Die gemeinsame Verantwortung von Arzt und Seelsorger für die Kranken (Mainz 1987).

HARK, H., Erkennungszeichen für den nahenden Tod, in: HARK, H., Den Tod annehmen. Unser Umgang mit dem Sterben als Chance der Reifung (München 1995) 101-107.

LUTTEROTTI, K., Menschenwürdiges Sterben – Kann sich die Gesellschaft auf das Gewissen des Arztes verlassen? (Freiburg 1985).

MATOUSCHEK, E. (Hrsg.), Arzt und Tod. Verantwortung, Freiheiten und Zwänge (Stuttgart 1989).

NULAND S.B., Wie wir sterben. Ein Ende in Würde (München 1994) bes.: 303-356.

2. Begleitung in der Trauer

Trauer allgemein

KAST, V., Trauern. Phasen und Chancen des psychologischen Prozesses (Stuttgart ²⁰1999).

KAST, V., Trauern, in: Diakonia 6 (1994) 387-392.

MATOUSCHEK, L., Trauer, die nicht enden will (Gütersloh 1991).

MÜLLER, M./SCHNEGG, M., Unwiederbringlich – Vom Sinn der Trauer (Freiburg, Basel, Wien 1997).

SCHLEGEL-HOLZMANN, U., Kein Abend mehr zu zweit. Familienstand: Witwe (Stuttgart 1992).

SPIEGEL, Y., Der Prozess des Trauerns (München 1989).

TAUSCH-FLAMMER, D./BICKEL, L., Wenn ein Mensch gestorben ist – wie gehen wir mit dem Toten um? (Freiburg, Basel, Wien 1996).

VOLKAN, V.D., ZINTL, E., Wege der Trauer. Leben mit Tod und Verlust (Gießen 2000).

Trauerpastoral – christlicher Trost

BENNING, A., Vom christlichen Trösten. Gedanken über die Gabe des Trostes (Kevelaer 1986).

DIE DEUTSCHEN BISCHÖFE, Unsere Sorge um die Toten und die Hinterbliebenen. Bestattungskultur und Begleitung von Trauernden aus christlicher Sicht (Bonn 1994).
GRESHAKE, G., Stärker als der Tod (Mainz ^{10}1988).
PERTIM, E., Abschied heißt nicht Ende (Freiburg, Basel, Wien ^{2}1994).
SCHWERMER, J., Seelsorge an den Lebenswenden. Gespräche bei Heirat, Geburt und Tod, in: BAUMGARTNER, I. (Hrsg.), Handbuch der Pastoralpsychologie (Regensburg 1990) 425-461.
SPIEGEL, Y., Der Prozess des Trauerns in pastoralpsychologischer Sicht, in: RIES, H. (Hrsg.), Perspektiven der Pastoralpsychologie (Göttingen 1974) 67-89.
WEIHER, E., Die Religion, die Trauer und der Trost. Seelsorge an den Grenzen des Lebens (Mainz 1999).

Trauerbegleitung
BÄRENZ, R., Die Trauernden trösten. Für eine zeitgemäße Trauerpastoral (München 1983).
BÜHRER, M., Trauert mit den Trauernden, in: Diakonia 8 (1977) 377-388.
CANACAKIS, J., Ich begleite dich durch deine Trauer (Stuttgart ^{12}1999).
CANACAKIS, J., BASSFELD-SCHEPERS, A., Auf der Suche nach dem Regenbogenträhnen (München ^{5}1994).
CANACAKIS, J., Ich sehe deine Tränen. Trauern, Klagen, Leben können (Zürich 1987).
JÜLICHER, J., Es wird alles wieder gut, aber nie mehr wie vorher. Begleitung der Trauer (Würzburg 1999).
LANDER, H.-M./ZOHNER, M.-R., Trauer und Abschied. Ritual und Tanz für die Arbeit mit Gruppen (Mainz 1992).
PISARSKI, W., Anders trauern – anders leben (Gütersloh ^{4}1993).
ROSSOW, W., Klientenzentrierte Gesprächsführung im Trauergespräch, in: Wege zum Menschen 32 (1980) 270-280.

3. Sieger Köder

MOCK, E., Da – der Mensch. Der Bensberger Kreuzweg von Sieger Köder (Ostfildern 1998).
WIDMANN, G. (Hrsg.), Die Bilder der Bibel von Sieger Köder (Ostfildern ^{2}1996).

BILDNACHWEIS DER BILDER SIEGER KÖDERS

S. 19 © Sieger Köder, Das Mahl mit den Sündern
S. 22 © Sieger Köder, Narrenschiff
S. 29 © Sieger Köder, Der Mund kann lachen, wenn das Herz auch traurig ist
S. 32 © Sieger Köder, Vogelscheuche
S. 36 © Sieger Köder, Mülleimer
S. 40 © Sieger Köder, Kirchengeschichte
S. 46 © Sieger Köder, Am Ölberg
S. 53 © Sieger Köder, Gebunden. Bensberger Kreuzweg, 1. Station
S. 56 © Sieger Köder, Umfasst den Balken. Bensberger Kreuzweg, 2. Station
S. 63 © Sieger Köder, Weinen und Wehklagen. Bensberger Kreuzweg, 7. Station
S. 66 © Sieger Köder, Ein Fremder hilft. Bensberger Kreuzweg, 5. Station
S. 72 © Sieger Köder, Erdrückende Last. Bensberger Kreuzweg, 3. Station
S. 78 © Sieger Köder, Sturm auf dem See
S. 84 © Sieger Köder, Ijob
S. 90 © Sieger Köder, Jakobs Kampf am Jabbok
S. 94 © Sieger Köder, Rahel weint um ihre Kinder. Rosenberger Altar (Ausschnitt)
S. 102 © Sieger Köder, Erdenfall. Bensberger Kreuzweg, 9. Station
S. 109 © Sieger Köder, Angenagelt – Der letzte Blick. Bensberger Kreuzweg, 11. Station
S. 112 © Sieger Köder, Der Einheit beraubt. Bensberger Kreuzweg, 10. Station
S. 118 © Sieger Köder, Geteilter Schmerz. Bensberger Kreuzweg, 4. Station
S. 126 © Sieger Köder, Jesus stirbt draußen. Bensberger Kreuzweg, 12. Station
S. 134 © Sieger Köder, Im Schoß der Mutter. Bensberger Kreuzweg, 13. Station
S. 143 © Sieger Köder, Wie ein Weizenkorn. Bensberger Kreuzweg, 14. Station
S. 148 © Sieger Köder, Maria von Magdala am Grab
S. 154 © Sieger Köder, Auf dem Weg in ein Dorf namens Emmaus. Rosenberger Altar (Ausschnitt)
S. 162 © Sieger Köder, Wie ein Schatten geht der Mensch dahin
S. 169 © Sieger Köder, Ezechiel
S. 172 © Sieger Köder, Labyrinth und Rose

Die Deutsche Bibliothek – CIP-Einheitsaufnahme
Ein Titeldatensatz für diese Publikation ist bei
Der Deutschen Bibliothek erhältlich

1 2 3 4 5   04 03 02 01 00

© 2000 Kreuz Verlag GmbH & Co. KG Stuttgart
Ein Unternehmen der Dornier Medienholding GmbH
Postfach 80 06 69, 70506 Stuttgart, Tel. 0711/78 80 30
Sie erreichen uns rund um die Uhr unter www.kreuzverlag.de
Umschlagbild: © Sieger Köder, Narrenschiff
Umschlaggestaltung: Atelier Reichert, Stuttgart
Druck und Bindung: Westermann Druck, Zwickau

Die Schreibweise entspricht den Regeln der neuen Rechtschreibung.

ISBN 3 7831 1851 4

Ein Buch über das Leben

Gion Condrau
Der Mensch und sein Tod
480 Seiten mit über 150 Abbildungen,
überwiegend in Farbe, Hardcover
ISBN 3-268-00109-2

»Ein Buch über den Tod ist immer ein Buch über das Leben«, sagt Condrau, »denn über den Tod wissen wir nichts.« Der Autor zeigt Todes- und Jenseitsvorstellungen aus unterschiedlichen Epochen und Kulturkreisen und legt die verschiedenen Bezüge und Aspekte des Todes dar. Der reich bebilderte Band regt dazu an, das eigene Verhältnis zum Leben immer wieder neu zu überdenken.

KREUZ: Was Menschen bewegt
www.kreuzverlag.de